装备承制单位
培训军队装备技术保障人才
工作规范
（试行）

王家生　王丽岩　主编

国防工业出版社

·北京·

图书在版编目（CIP）数据

装备承制单位培训军队装备技术保障人才工作规范/王家生,王丽岩主编.—北京:国防工业出版社,2024.5
 ISBN 978-7-118-13141-3

Ⅰ.①装… Ⅱ.①王… ②王… Ⅲ.①军事装备—后勤保障—技术人才—工作—规范 Ⅳ.①E075-65

中国国家版本馆 CIP 数据核字（2024）第 071727 号

※

国防工业出版社出版发行
（北京市海淀区紫竹院南路23号 邮政编码100048）
北京虎彩文化传播有限公司印刷
新华书店经销

＊

开本 710×1000 1/16 印张 8¼ 字数 138 千字
2024 年 5 月第 1 版第 1 次印刷 印数 1—1000 册 定价 60.00 元

（本书如有印装错误，我社负责调换）

国防书店：(010)88540777　　书店传真：(010)88540776
发行业务：(010)88540717　　发行传真：(010)88540762

编 审 人 员

主　　编　王家生　王丽岩

副 主 编　刘　丹　沙学锋　周万虎

参编人员　于　洁　王美姣　王　波

主　　审　张宏壮　韩俊峰

前　言

为推进军民融合培训军队装备技术保障人才工作深入发展，规范装备承制单位培训军队装备技术保障人才的组织与实施活动，建立正规的教学训练工作秩序，提高军队装备技术保障人才培训质量效益，依据中国人民解放军《军事训练条例》《院校教育条例》《陆军军事训练与考核大纲》和《依托装备承制单位培训军队装备技术保障人才规定》等有关规定精神，组织编写了本书。

本书主要针对装备承制单位培训军队装备技术保障人才工作中存在的突出矛盾问题和实际工作需求，详细阐述了装备承制单位培训军队装备技术保障人才工作的任务职责与工作指南、培训专业方案制订的要求与规范、教学(训练)组织与实施的方法和细则、教学(训练)管理与考核的办法和标准、教学训练条件与保障的内容和规定，以及教员授课规范等相关制度规范。该规范力求准确反映军队装备技术保障人才培训的特点规律、任务职责、组织程序、实施方法、标准要求，用于指导装备承制单位各级、各类培训组织管理实施人员和人才培训各环节、各方面，组织实施人才培训全员、全过程质量监控和规范运行，解决其教学训练训什么、怎么训、按什么标准训，以及如何组织与实施等问题，为依托装备承制单位培训军队装备技术保障人才的组织、实施、管理、考核、保障等工作提供有益参照。

本书编写过程中，得到了陆军装备部维修保障局、陆军装甲兵学院、中国兵器人才学院、国防工业出版社领导和同志们的指导与帮助，在此深表谢意！

本书涉及业务工作范围广，加之编写人员的实践经验和理论水平有限，书中难免有错漏和不妥之处，敬请批评指正。

编者

2021年06月

目 录

第一篇 概则 ·· 1
- 第一章 培训改革总体思路 ·· 1
- 第二章 培训改革基本要求 ·· 2
- 第三章 人才培训任务分工 ·· 3
- 第四章 人才培训机制途径 ·· 4
- 第五章 人才培训基本方式 ·· 5
- 第六章 联教联训长效机制 ·· 6

第二篇 培训工作指南（草案） ·· 8
- 第一章 总则 ·· 8
- 第二章 职责 ·· 9
- 第三章 工作计划 ·· 11
- 第四章 组织实施 ·· 12
- 第五章 培训督导 ·· 14
- 第六章 经费管理 ·· 14
- 第七章 信息管理 ·· 15

第三篇 培训方案制订规范 ·· 16
第一部分 培训专业简介制订规范 ·· 16
第二部分 人才培养方案制订规范 ·· 18
- 第一章 人才培养方案制订要求 ··· 18
- 第二章 跟研培训人才培养方案（试行） ··································· 20
- 第三章 跟产培训人才培养方案（试行） ··································· 23
- 第四章 接装培训人才培养方案（试行） ··································· 27
- 第五章 深化培训人才培养方案（试行） ··································· 29
- 第六章 跟修培训人才培养方案（试行） ··································· 33
第三部分 课程实施计划制订规范 ·· 37
- 第一章 课程实施计划制订说明 ··· 37

  第二章 课程实施计划框架 …………………………………… 38
  第三章 课程实施计划制订范例（钣金工艺课程实施计划） ……… 42
 第四部分 教材讲义编写要求 …………………………………………… 48

第四篇 教学（训练）组织与实施……………………………………… 50

 第一部分 教学组织机构 ………………………………………………… 50
 第二部分 教学计划与实施细则 ………………………………………… 51
  第一章 人才培养方案 …………………………………………… 51
  第二章 课程实施计划 …………………………………………… 52
 第三部分 教学组织与实施细则 ………………………………………… 53
  第一章 教学计划 ………………………………………………… 53
  第二章 教学准备 ………………………………………………… 54
  第三章 教学实施 ………………………………………………… 54
 第四部分 培训机构教学组织与管理规定 ……………………………… 56
  第一章 总则 ……………………………………………………… 56
  第二章 教学建设 ………………………………………………… 56
  第三章 教学过程管理 …………………………………………… 57
  第四章 教学研究 ………………………………………………… 57
  第五章 教员业务管理 …………………………………………… 58
 第五部分 学员队教学组织与管理规定 ……………………………… 58
  第一章 总则 ……………………………………………………… 58
  第二章 教学组织 ………………………………………………… 58
  第三章 质量管理 ………………………………………………… 59
  第四章 学风建设 ………………………………………………… 60
  第五章 教学正规化建设 ………………………………………… 60

第五篇 教学（训练）管理与考核……………………………………… 61

 第一部分 教学督导工作实施办法 …………………………………… 61
  第一章 督导运行 ………………………………………………… 61
  第二章 信息反馈 ………………………………………………… 62
  第三章 相关要求 ………………………………………………… 63
 第二部分 排课与调(停)课管理规定 ………………………………… 63
  第一章 教学任务管理 …………………………………………… 64
  第二章 课表编排管理 …………………………………………… 64
  第三章 调(停)课管理 …………………………………………… 65

  第四章 补课规定 ·· 67
  第五章 代课管理 ·· 67
  第六章 附则 ··· 68

 第三部分 授课质量评定标准 ·· 70
  第一章 理论课授课质量评定标准 ································· 70
  第二章 实践课授课质量评定标准 ································· 71

 第四部分 教学事故认定与处理规定 ···································· 72
  第一章 一般性教学事故 ·· 72
  第二章 严重教学事故 ·· 72
  第三章 重大教学事故 ·· 72
  第四章 教学事故的认定程序 ····································· 72
  第五章 教学事故的处理 ·· 73
  第六章 附则 ··· 73

 第五部分 培(轮)训学员管理规定 ······································ 73
  第一章 总则 ··· 73
  第二章 入学与注册 ·· 73
  第三章 考勤 ··· 75
  第四章 考核与成绩记载 ·· 75
  第五章 奖励与处分 ·· 76

 第六部分 毕业学员质量跟踪调查实施办法 ······························ 77

第六篇 教学（训练）条件管理与保障 ···································· 79

 第一部分 教学(训练)设施、装备、设备管理规定 ························ 79
  第一章 教学(训练)设施管理规定 ································· 79
  第二章 教学(训练)装备、器材、设备管理规定 ······················ 83

 第二部分 教学(训练)保障规定 ·· 84
  第一章 训练装备技术保障 ·· 84
  第二章 勤务车辆保障 ·· 85
  第三章 教材保障 ·· 85
  第四章 器材保障 ·· 85
  第五章 教育技术保障 ·· 86
  第六章 油料、弹药和摩托小时保障 ································· 86
  第七章 训练经费管理 ·· 87

第七篇　其他 ………………………………………………………… 88

第一部分　教员授课规范 …………………………………………… 88
第一章　教学(授课)准备 ………………………………………… 88
第二章　教案编写 ………………………………………………… 89
第三章　教学实施 ………………………………………………… 91
第四章　提高课堂讲授质量 ……………………………………… 93

第二部分　标准教案样式 …………………………………………… 97
第三部分　登记统计表 ……………………………………………… 100

附录一　依托装备承制单位培训军队装备专业人才组织结构图 …… 105

附录二　××××年依托装备承制单位培训装备技术保障
　　　　人才需求表 ………………………………………………… 106

附录三　××战区××××年依托装备承制单位培训装备技术保障
　　　　人才需求汇总表 …………………………………………… 107

附录四　全军××××年依托装备承制单位培训装备技术保障人才
　　　　需求培训计划草案 ………………………………………… 108

附录五　装备承制单位培训人员名册 ………………………………… 109

附录六　装备承制单位培训人员考核评定表 ………………………… 110

附录七　装备承制单位培训经费结算单 ……………………………… 111

附录八　修理技术安全规则 …………………………………………… 112

　　第一章　坦克装甲车辆修理一般技术安全规则 …………………… 112
　　第二章　军械修理技术安全规则 …………………………………… 112
　　第三章　电气设备修理技术安全规则 ……………………………… 113
　　第四章　通信装备修理技术安全规则 ……………………………… 113
　　第五章　光学仪器修理技术安全规则 ……………………………… 114
　　第六章　稳定器修理技术安全规则 ………………………………… 114
　　第七章　火控系统修理技术安全规则 ……………………………… 115

第八章　充电和蓄电池修理技术安全规则 …………………… 115
第九章　钣金修理技术安全规则 …………………………… 116
第十章　车工技术安全规则 ………………………………… 116
第十一章　钳工技术安全规则 ……………………………… 117
第十二章　焊工技术安全规则 ……………………………… 118
第十三章　磨工技术安全规则 ……………………………… 119
第十四章　铣工技术安全规则 ……………………………… 119
第十五章　刨工技术安全规则 ……………………………… 120

第一篇 概 则

依托装备承制单位培训军队装备技术保障人才工作，是为了适应军队武器装备发展和战斗力建设需要，推进军民融合培训军队装备技术保障人才，进一步提高军队装备技术保障水平而开展的一个新的人才培训模式。由原总参谋部、总政治部、总后勤部、总装备部，以及国家工业和信息化部、国防科工局按照职责分工共同组织实施，已下发了《依托装备承制单位培训军队装备技术保障人才规定》和《中国人民解放军装备技术保障人才培训装备承制单位管理办法》。依托装备承制单位培训军队装备技术保障人才，主要结合装备研制生产、教学训练和维修保障任务组织实施，采取跟研培训、跟产培训、接装培训、深化培训、跟修培训等方式进行。

为了推进军民融合培训军队装备技术保障人才深入开展，规范依托装备承制单位培训军队装备技术保障人才的组织与实施活动，进一步提高军队装备技术保障人才培训计划的科学性、部队送训的合理性、机构培训的针对性和有效性，提高军队装备技术保障水平，围绕新形势新任务需求，按照"军地协作、服务部队，着眼需求、科学统筹，分类管理、注重实效"的原则，开展新形势下军民融合培养军队装备技术保障人才研究，科学构建军民融合、联教联训、人才共育、集约高效的军队装备技术保障人才培训新体系、新模式、新机制。

第一章 培训改革总体思路

第一条 军民融合培训军队装备技术保障人才，必须紧紧围绕党在新形势下的强军目标，以军委机关及陆军关于加强部队军事训练、院校职业教育和依托装备承制单位培训军队装备技术保障人才的系列指示精神为指导，适应军队武器装备发展和战斗力建设需要，着力解决新时代军队装备技术保障人才培训重大现实问题，着眼推进军民融合培训军队装备技术保障人才、提高军队装备技术保障水平、转变部队装备保障能力生成模式，按照"军民融合，联教联训，人才共育，集约高效"的改革思路和"面向部队、服务战场、紧贴装备、突出技能"的基本要求，坚持"军地协作、服务部队，着眼需求、科学统筹，分类管理、注重实效"的原则，遵循新型装备技术保障人才成长规律，根据装备建设规划计划，系统构建军队院校、地方高校、训练机构、部队和装备承制单位军民融合、联教联训的军队装备技术保障人才培训新体系,探索实践地方高校职业教育、军队院校任职教育、训练机构培训、部队按岗施训、装备承制单位装备轮训有机衔接、各具特色的军队装备技术保障人才培训新模式,建立健全装备保障指挥管理军官、技术军官、专业军士、技术兵和教员(教练员)"五类人才"全员额、全过程、全系统培训新机制,持续生成和提高军队装备技术保障人才岗位任职能力,提高部队基于信息系统的体系作战装备保障能力。

第二章 培训改革基本要求

第二条 军民融合培训军队装备技术保障人才,必须适应新时代新任务要求,满足军队装备技术保障人才多样化岗位任职发展和多学制分类施训需要,为深化军队装备技术保障人才培训改革开辟新路子,创新军队装备技术保障人才培训新途径,实现人才分类组训、分级施训、按需培训要求,提高人才培训的针对性和有效性。

第三条 军队装备技术保障人才培训体系应该是有机衔接、各具特色的,是相互支撑、互为补充的,是紧密结合、缺一不可的,他们不是相互替代的关系,必须各有侧重、各具特色、不能搞重复建设。所以,必须遵循军队装备技术保障人才岗位能力和部队整体保障能力生成规律,科学区分地方高校职业教育、军队院校任职教育、训练机构培训、部队按岗施训、装备承制单位装备轮训的培训任务,调整优化能力结构。

第四条 军队院校作为人才培训的主渠道,要突出任职教育,不断提高装备保障军官生长培训、现职干部任职培训和军士资格培训、升级培训、直招军士岗前培训等能力。

第五条 训练机构作为士兵技能提升的主平台,要突出应用技能培训和升级培训,不断提高装备保障技术兵岗前培训、初级军士晋升中级培训、新装备保障培训、专业士兵职业技能鉴定与培训、专业勤务培训等能力。

第六条 部队作为官兵岗位成才和整体保障能力生成提高的主阵地,要突出岗位练兵和使命课题训练,不断提高装备保障专业基础训练、分队训练、综合训练特别是合成训练、实战化训练等能力。

第七条 地方高校作为依托国民教育资源培训军队高新技术专业人才的主渠道,要突出军队职业基础教育,不断提高装备生长军官学历培训、直招军士职业技术培训能力。

第八条 装备承制单位作为军队装备技术保障人才技能培训的重要补充,要突出新装备应用技能培训和升级培训,不断提高装备技术保障人才跟研培训、跟产培训、接装培训、深化培训、跟修培训能力,探索军民融合培训人才模式。

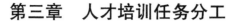

第三章 人才培训任务分工

第九条 军队院校、地方高校、训练机构、部队和装备承制单位装备技术保障人才培训任务紧密结合、互为补充、各有侧重,必须科学规划、合理区分、明确分工。

第十条 军队院校是人才培训的主渠道,是对装备技术保障人才全面系统的培训,承担主体培训任务。主要承担生长干部学历教育、现职干部任职培训、生长干部任职培训、现职干部轮训,装备保障技术复杂专业初级军士资格培训、地方直招军士岗前任职培训、部分专业中级军士和各专业高级军士升级培训、军士职业技术教育、全程在职教育培训,新装备保障骨干培训等任务。

第十一条 各战区陆军训练机构是本区士兵技能提升的主平台,是院校培训的重要补充。主要面向战区所属部队,针对本部列装装备,开展底盘、军械、电气、充电等专业以及车工、钳工、焊工等工种岗前培训、初级军士资格培训、中级军士升级培训和部分专业新装备专业培训。

第十二条 各级装备保障部(分)队,主要负责组织所属装备保障人员开展专业基础训练、合成训练和实战化训练等。承担各类保障人员的自训、复训、技术兵岗前培训、军士职业技术教育部队实习,全程在职教育日常学习和实践等任务。按照择优定点承训、资源集约利用的要求,统构训练布局,在部队建立专业基础统筹分训组织模式,依托军级单位修理机构建立装备保障训练中心,集中组织小工种训练;依托兵种部队专业技术优势建立装备保障专业统训点,集中组织专业复杂工种训练;依托部队自身条件,组织大工种岗位自训。

第十三条 地方院校主要承担装备生长军官学历教育、直招军士职业技术教育、全程在职教育文化基础教育等任务。

第十四条 装备承制单位作为对军队装备技术保障人才技能培训的重要补充,主要是充分发挥装备承制单位装备研制、生产、维修人才、技术、资源优势,结合装备研制、生产、维修任务,开展装备技术保障人才跟研培训、跟产培训、接装培训、深化培训、跟修培训等。

第十五条 依托装备承制单位培训与院校(训练机构)培训的对象、任务和方式有所不同,培训对象主要包括作战部队和军队装备修理保障机构、院校(训练机构)、科研院所等单位的装备技术保障人才,重点是作战部队新装备保障专业岗位和院校(训练机构)装备技术保障专业教学岗位的装备技术保障人才。

第四章 人才培训机制途径

第十六条 重点人才培训途径。针对形势任务不断发展对装备技术保障人才数质量的实际需求,创新重点人才培训途径,使各层次人才培训的比例与部队人才梯队建设的需求基本匹配,生长干部培养实现指挥技术融合发展,军士培训实现技能管理兼顾。催生一批高层次人才:师(旅)保障部部长采用在多所院校分阶段进行交叉培训的方式开展培训;战区、集团军、师(旅)级高级工程师及工程师骨干等"专家型"保障技术干部,采用工程硕士培训、新装备骨干培训、分阶段交叉培训相结合的方式开展培训;中高级军士等"高技能"型军士,采用新装备骨干培训、军士升级培训相结合的方式开展培训。孵化一批一线骨干人才:修理营营长、仓库主任等"指技合一"型军官,采用生长干部学历教育、任职培训、交叉培训、工程硕士培训相结合的方式开展培训;"技能型"军士采用职业技术教育、预选军士资格培训、军士初晋中培训、新装备骨干培训相结合的方式开展培训;作战部队专业"四会"教练员,采用依托院校培训骨干、依托骨干培训基层教练员的方式开展培训。强训一批紧缺专业人才:新型装备技术保障人才主要采用组织新装备骨干培训、跟研跟产培训的方式,提高现有保障能力,并逐步实现新装备配发部队前的人才预置;换装部队保障人员主要采用院校、训练机构培训骨干,骨干培训其他人员的方式开展培训,确保换装部队尽快形成装备保障力和战斗力。

第十七条 人才培训工作协调机制。着眼实现军队院校、训练机构、部队、承制单位、地方高校人才培训工作互为支撑,与军事斗争准备需要和部队建设需求有机衔接,完善军委机关指导下的岗位需求逐级反馈机制、各级单位对接审核机制、规划任务按需调整机制。一是准确反映部队需求,每年9月底前,各战区陆军及所属部队装备业务部门区分专业人员类别、岗位、层次、数量,成建制汇总上报装备保障岗位设置和实际编制数量情况,经军委机关统筹、组织相关单位进行训需对接、充分调整后,形成年度培训计划。二是合理优化承训单位培训方案,院校、训练机构、承制单位依据年度培训计划和部队实际需求,制修订人才培训方案或教学计划,调整培训目标、优化课程设置、严格训练组织。三是建立各级单位面向军委机关的培训情况反馈机制,及时梳理入学率、专业对口率、培训质量、意见建议等要素,有计划地推进教育教学改革和培训任务调整优化。

第十八条 新装备保障骨干培训。将新装备保障骨干培训作为各类规划军官、士兵培训任务的重要补充,服务于换装和预换装部队新装备保障能力、部队短缺技术保障能力的生成与提高。一是紧贴装备调整更新需要,以新改制部队、改(扩)建部队、换装部队的专业技术军官和军士为主要对象,以高新技术装备维修技能、操作使用能力、组训管理能力为训练重点,依托院校和装备承制单位,加大新装备保障骨干培训力度。二是满足作战保障急需,围绕装备保障指挥、野战抢救抢修、综合集成建设任务开设培训班次,依托院校开展培训。三是解决部队紧缺人才培训需求,克服岗位编制不明确、小专业(工种)受训机会少等影响,依托院校、训练机构和装备承制单位进一步加大紧缺专业技术人员培训力度,紧贴新装备各系统机、电、液、气一体化发展趋势,在装备车载电子系统、综合集成软件、指挥信息系统技术保障等方向办班培训。

第五章 人才培训基本方式

第十九条 院校培训方式。

(一)推行模块化组训。针对装备保障人员多样化岗位任职、多学制分类施训、实践性技能培训需要,以学科专业为依托,区分复合型指挥管理军官、专家型专业技术军官和技能型专业技术军士,以基础知识、专业理论、专业技能培训和问题研究、素质拓展为基本教学单元,建立功能明确、按需组配的模块化课程体系,按照不同专业、学制、层次抽组课程模块,实施小编组、专项编组等教学,提高分类组训、分级施训、按需培训能力。

(二)加强实践性教学。着眼解决装备技术保障人才培训重理论轻实践、重平时轻战时等问题,以院校、建制部(分)队、战略战役保障机构、装备承制单位、装备试验单位为实践平台,以想定作业、现地教学、实操训练、综合演练、部队实习为主要形式,加大实践性教学比例,增大战时装备保障指挥协同、抢救抢修、信息系统操作运用等实战化内容比重,促进知识向能力的转化。

第二十条 训练机构培训方式。统筹调整战区训练机构、战役修理机构装备技术保障人才培训资源和装备修理资源,采取跟班实修、混编作业等形式,组织开展修训结合培训,做到以修带训、以训促修。依托具有资源优势、专业优势和人才优势的训练机构,对列装数量少、技术新、分布散的复杂装备保障专业人才实施归口统训,提高培训效益;利用院校的教学资源优势、承研承制单位的技术优势、部队的训练场地和武器装备优势,组织开展联合教学、教员交流、岗位实习等多种形式的联教联训,逐步实现训练资源的优势互补。

第二十一条 装备保障士兵培训制度。

(一)调整预选军士培训制度。依据军委机关关于复杂技术岗位人员培训有关规定,将装备保障预选军士送训对象由新兵调整为以第二年度兵为主,同步完善送训考查、全程淘汰、培训注册、定向分配等制度,培训结业后直接改选军士。

(二)调整修理专工军士直招制度。依据联合参谋部关于直接从非军事部门招收军士工作的规定,发挥装备系统需求主导、考核把关、岗位确定的作用,走开从地方职业技术院校直招修理专工军士的路子。

(三)实行新兵修理工岗前培训制度。适应改革变化,对分配到装备保障岗位的新兵和文职人员,结合部队装备保障专业基础训练,进行为期2个月的岗前专业培训,提高新兵修理工岗位任职能力。

第二十二条 装备承制单位培训方式。主要结合装备研制生产、教学训练和维修保障任务组织实施,采取跟研培训、跟产培训、接装培训、深化培训、跟修培训等方式进行。

(一)跟研培训。装备研制阶段,根据装备研制合同约定,组织军队装备技术保障人才到装备承制单位参与试验、定型等工作,主要熟悉掌握装备结构原理、战技性能、关键技术等。跟研培训以具有一定科研能力和学术水平的技术专家为主,采取访问进修、挂职代职、攻读学位、联合科研攻关等形式进行。

(二)跟产培训。装备生产阶段,组织军队装备技术保障人才到装备承制单位参与在线生产、总装调试等工作,主要熟悉掌握装备的装配分解、调试检测、故障排除等保障技能。跟产培训以具有一定使用维修保障技能的技术骨干为主,采取跟班作业、现场见学等形式进行。

(三)接装培训。装备交付部队时,根据装备购置合同约定,组织军队装备技术保障人才到装备承制单位进行技术技能培训,主要熟悉掌握装备使用、检查、维护保养、一般故障排除等基本技能。接装培训根据接装任务确定培训对象,采取理论教学、实装操作等形式进行。

(四)深化培训。装备交付部队后,组织军队装备技术保障人才到装备承制单位或者请装备承制单位专家到部队,对军队装备技术保障人才进行理论知识更新和技术技能升级。深化培训以具有一定维修保障经验的技术骨干为主,采取专题集训、咨询带教、现场演示等形式进行。

(五)跟修培训。装备返厂修理或者装备承制单位人员到部队修理装备期间,组织军队装备维修保障人才参与修理,主要熟悉掌握装备的维修保养、性能检测、故障定位与排除方法等。跟修培训以从事装备维修保障工作人员为主,采取现场教学、专家帮带等形式进行。

第六章 联教联训长效机制

第二十三条 推动院校、训练机构、装备承制单位、部队之间的联系与合作,实现教育资源共享,增强人才培训的针对性和有效性。机关统揽,建立人才培训"大课堂"建设的长效机制。制定有针对性的联教联训规划,加大宏观指导和协调力度,准确定位各方在联教联训中的地位作用,着力构建"面向装备、服务部队、人才共育、资源共享、成果共用"的人才培训新格局,在组织领导和机制保证方面确保各类资源形成人才培训合力。

第二十四条 军内联训,促进院校教育与部队需求的融合。推行院校、训练机构与部队一体化办学试点,协调确定任职教育、军士教育学员对口挂钩部队,在相关部队建立学历教育学员教学装备实习点,协调将相关人才培训任务纳入部队训练计划。探索试行院校、部队联合开展综合演练,统一计划、统一想定混合编成、共同实施,实现部队岗位需求与人才培训的逐步对接。安排院校教员到部队巡修、巡检和巡教,让院校教员更多地参与部队的训练和演习,使教员更加熟悉部队训练规律,掌握装备训练、使用状况。建设院校和部队共同科研平台,定期发布重点研究课题,开展学术研讨,转化研究成果。着眼不同院校、训练机构学科专业建设和条件建设条块分割的现状,为适应部队装备保障能力生成模式转变的趋势,逐步在轮训方面开展相似专业的集中培训,在"专家型"人才、指挥管理军官、"指技合一"型人才培训方面开展交叉培训,最大限度地实现装备资源和教学资源共享。

第二十五条 推开军民融合培训人才路子,拓宽装备技术保障人才培训的有效途径。充分发挥地方科研院所和装备承研承制单位人员素质较高、维修器材充足、仪器设备先进、技术资料齐全的优势,统一制订培训计划,分期、分批组织开展人才培训。选派院校教员参与新型装备研制、试验、生产等过程,保证掌握第一手资料,提前开展相关教学准备,确保"不让装备等人才",实现人才培训同步或超前装备列装。明确装备研制部门提供配套资料的职责,探索新装备试训阶段院校教员跟训的办法。

第二十六条 构建由校内实习装备承制单位和建制部(分)队实习装备承制单位、战役级保障机构实习装备承制单位、装备修理工厂实习装备承制单位、装备承研承制单位实习装备承制单位构成的"1+4"实习装备承制单位建设模式。校内实习装备承制单位主要开展实践课程实习;建制部(分)队实习装备承制单位主要开展操作使用、维护保养、小修技能、装备管理、装备机关业务工作等内容的实习;战役级保障机构实习装备承制单位开展中修技能、维修组织实施、维修质量管理和工机具设备使用管理等内容的实习;装备修理工厂实习装备承制单位主要深化拓展修理技能;装备承研承制单位实习装备承制单位,主要是实地开展新装备构造原理、运行机理、生产流程和常见故障排除的实习见学。

第二篇 培训工作指南(草案)

本培训工作指南仅为开展装备承制单位培训军队装备技术保障人才工作提供参考,相关制度规定应按照军委、陆军机关下发相关制度规定执行。

第一章 总 则

第一条 目的依据。

为推进军民融合培训军队装备技术保障人才,规范依托装备承制单位培训军队装备技术保障人才相关工作,明确工作程序和要求,根据《军事训练条例》《中国人民解放军院校教育条例》《依托装备承制单位培训军队装备技术保障人才规定》《中国人民解放军装备技术保障人才培训装备承制单位管理办法》以及军队的相关规定,制定《装备承制单位培训军队装备技术保障人才工作指南》(以下简称《指南》)。

第二条 适用范围。

本《指南》适用于组织开展依托装备承制单位培训军队装备技术保障人才工作。

本《指南》所称军队装备技术保障人才,是指在军队装备管理使用、维修保障、储存保管、教学科研等编制岗位工作,具有一定专业知识或者技术技能的现役军官、文职人员和士兵。

本《指南》所称装备承制单位,是指承担陆军武器装备研制、生产、维修保障任务的工厂、公司或研究院所等。

第三条 地位作用。

装备承制单位培训军队装备技术保障人才是装备技术保障人才培训体系的重要组成部分,是部队装备技术保障人才队伍建设的重要支撑。

第四条 指导思想。

必须以新时代党的强军目标为引领,深入贯彻习近平强军思想,贯彻新形势下军事战略方针,以军委、陆军关于加强部队军事训练、院校职业教育和依托装备承制单位培训军队装备技术保障人才的系列指示精神为指导,以培训素质优良、技能过硬的装备技术保障人才为目标,适应军队武器装备发展和战斗力建设需要,坚持"军地协作、服务部队,着眼需求、科学统筹,分类管理、注重实效"的原则,按照军民融合培养方式,根据装备建设规划计划,规范管理职能、培训模式、运行机制,不断巩固、拓展和提高承训单位人才培训能力,为部队装备技术保障人才队伍建设提供有力支撑。

第五条 工作方式。

根据部队装备保障实际和年度军事训练需求,结合装备研制、生产、列装计划和部队保障实际等情况,依托并组织装备承制单位对军队装备技术保障人员进行跟研培训、跟产培训、接装培训、深化培训、跟修培训等。

第六条 组织形式。

装备承制单位是培训军队装备技术保障人才工作实施的主体,总承制单位是型号装备技术保障培训的责任牵头单位,负有组织协调的职责;各分承制单位应积极主动配合总承制单位完成各项任务。

按武器装备系统,一般由总承制单位承担装备技术保障培训的总体任务,相关分承制单位承担有关分系统的培训任务,驻装备承制单位军事代表室牵头负责培训对象的日常管理,协助装备承制单位做好培训有关工作。

第二章 职 责

第七条 陆军装备部业务主管部门职责。

陆军装备部业务主管部门是该培训工作的领导机关,在培训管理工作中履行下列职责:

(一)贯彻落实军委机关关于军事人才培训的方针、政策和指示要求,制定人才培训法规制度和措施办法;

(二)协调各军工集团公司、装备承制单位开展培训工作,明确任务分工,规范组织实施程序,拟定培训框架协议;

(三)组织战区测算年度装备技术保障人才赴承制单位培训的培训需求,会同陆军参谋部、政治工作部等职能部门下达年度培训任务计划,检查指导承训单位落实培训计划;

(四)组织承训单位制定、评审培训实施计划;

(五)指导承训单位培训改革,组织人才培训质量评估、经验交流和评比表彰等活动;

(六)统筹承训单位人才培训教材、器材、设备和经费等保障工作,组织费用审核及经费决算;

(七)完成上级赋予的其他任务。

第八条 战区陆军装备部业务主管部门职责。

战区陆军装备部业务主管部门在培训管理工作中履行下列职责:

(一)贯彻落实军委机关、陆军机关人才培训法规制度和决策指示;

（二）统计战区装备技术保障人才赴承制单位的培训需求，制定战区培训申请计划；

（三）组织送训部队统计装备技术保障人才培训需求，制定装备技术保障人才培训申请计划；

（四）收集并反馈受训人员岗位任职相关信息；

（五）完成上级赋予的其他任务。

第九条　送训部队职责。

送训部队在培训管理工作中履行下列职责：

（一）上报本单位装备技术保障人才赴承制单位培训需求计划；

（二）根据下达的年度培训计划，选派人员参加培训；

（三）收集并反馈受训人员岗位任职相关信息；

（四）完成上级赋予的其他任务。

第十条　驻承制单位军事代表室在培训管理工作中履行以下职责：

（一）负责培训对象的日常管理，协助装备承制单位做好培训有关工作；

（二）负责协调驻分承制单位的军事代表室，协调开展培训工作；

（三）完成其他需要协调办理的事项。

第十一条　各军工集团公司在总部设立装备技术保障人才培训中心，在培训管理工作中履行以下职责：

（一）完善工作运行机制；

（二）协调、监督相关承制单位有序开展培训工作；

（三）监督承制单位培训经费使用情况；

（四）完成其他需要协调办理的事项。

第十二条　各装备承制单位设立装备技术保障人才培训办公室，在培训管理工作中履行以下职责：

（一）贯彻落实上级法规制度和工作指示，结合实际制定本单位具体实施办法，加强培训管理、规范培训秩序；

（二）落实上级机关下达的年度培训任务计划；

（三）按要求制订教学实施计划，开展教学训练改革、师资队伍建设、训练条件配套和培训质量管理等；

（四）负责人才培训所需设备、器材、工具、教材和经费等请领、筹措、使用和管理，完善教学场地、设施配套建设；

（五）持续开展教学能力建设，定期组织评教评学、教学形势分析和教学质量检查评估等活动，不断提高人才培训质量效益；

（六）登记、统计、总结、报告培训情况；

（七）完成上级赋予的其他职责。

第三章 工作计划

依托装备承制单位培训军队装备技术保障人才工作的培训计划,一般在部队年度训练任务基本结束后制订,并按以下程序组织实施。

第十三条 需求上报。

陆军装备部每年9月底前,下达翌年陆军装备技术保障人才赴装备承制单位培训需求测算通知。

部队装备部业务主管部门,每年10月底前结合装备编配现状趋势、专业岗位调整和保障人员素质结构情况进行统计分析,提出培训需求(附件二),并报送战区陆军装备部业务主管部门。

战区陆军装备部业务主管部门根据部队培训需求,组织审核并拟制翌年装备保障人员赴装备承制单位培训申请计划(附件三),每年11月底前报陆军装备部审核。

第十四条 计划审核。

陆军装备部根据各军兵种、战区上报的培训需求,每年12月底前汇总战区陆军培训需求和申请计划,统筹各装备承制单位的培训任务分工及承训能力,会同战区陆军装备部业务主管部门合理调剂不同培训类型、不同培训专业、不同培训等级的培训员额和承训单位,研究拟制年度装备技术保障人才赴承制单位培训计划草案,并报陆军参谋部、政治工作部、后勤部和装备发展部相关业务部门联合审核。

第十五条 计划下达。

翌年2月底前,陆军装备部协调陆军参谋部、政治工作部、后勤部和装备发展部相关业务部门,审批下达培训计划。

第十六条 计划落实。

陆军装备部在收到批复的培训计划15个工作日内,将培训计划逐级下达至相关送训单位和驻装备承制单位军事代表室,并与装备承制单位签订培训框架协议。战区陆军装备部业务主管部门根据下达培训计划,指导部队按照"基层推荐、业务考核、综合考评、登记注册"的步骤,选拔确定送训对象,并按时限送训。

第十七条 计划调整。

承训单位必须严格执行下达的培训计划,并及时上报计划完成情况。因特殊情况确需调整的,必须上报陆军装备部业务主管部门批准。部队因重大军事活动保障等特殊情况,需要临时增加培训计划的,也可按照上述程序呈请陆军装备部业务主管部门单列下达。

第四章　组织实施

依托装备承制单位培训军队装备技术保障人才的具体实施,由装备承制单位、驻装备承制单位军事代表室和送训单位共同负责。

第十八条　遴选培训对象。

培训对象应当坚持标准条件,按照专业对口、训用一致,突出重点、解决急需的原则遴选确定。

培训对象主要从作战部队和军队装备修理保障机构、院校(训练机构)、科研院所等单位遴选,作战部队新装备维护岗位和院校(训练机构)装备技术保障专业教学岗位的优先安排。

培训对象应当是德才表现好、爱岗敬业、具有一定专业知识和发展潜力的业务骨干。其中,军官、文职人员一般应当具有本科以上学历,年龄小于所任职务平时服(现)役最高年龄5岁以上,从事装备保障相关工作1年以上,院校(训练机构)装备技术保障专业教员年龄可适当放宽;士兵应当具有高中或相当于高中以上学历,服现役1年以上,志愿在部队长期服役。

战区部队应当根据全军年度装备技术保障军委机关训计划,遴选确定培训对象,培训对象名册一式两份(附件五):一份送相关驻装备承制单位军事代表室;另一份逐级上报至军兵种、战区相关部门。

军兵种、战区装备业务部门将培训对象名册汇总后,统一上报至陆军装备部备案。

第十九条　做好培训准备。

装备承制单位及驻承制单位军事代表室共同负责拟制培训方案、编写大纲教材、调配师资力量、准备教学设施和开展教学等工作,做好以下训练准备工作。

(一)承训单位应当根据装备技术保障人才岗位任职需求,合理确定人才培养目标,细化知识、能力、素质等标准。

(二)承训单位应当依据人才培养目标,统筹理论与实践、必修与选修课程安排,合理构建课程体系,实践训练学时不低于总课时量的80%。

(三)承训单位应当依据课程体系,细化拟制训练实施计划,科学确定课程目标、系统规范内容标准,重点明确课程性质、课程地位、教学内容、教学重点和学时分配等内容,将新理论、新装备、新保法、新训法、新技术、新工艺等纳入教学。

(四)承训单位在开班前,应当进行教学动员,明确教学任务,组织备课试讲,准备教材和教学场地、设施设备以及生活保障等。

（五）承训单位负责拟制教学实施计划，报陆军装备机关业务主管部门备案；承训单位应当严格按照教学训练计划实施，不得随意变更。

（六）装备承制单位及驻承制单位军事代表室依据年度统训计划，确定具体培训时间、地点等；装备承制单位于开训前15个工作日，通知军兵种、战区业务部门；军兵种、战区业务部门通知相关战区部队参训。

第二十条 做好教学保障。

承训单位应当按照培训需求，做好以下教学保障工作。

（一）承训单位应当按照专业对口、优先保障、梯次合理的原则优选授课教员，授课教员必须经过上岗资格认证，教员需具备中级以上专业技术职务或取得高级以上职业技能等级，且必须提前安排拟授课教员进行试讲，未通过试讲的教员，不得承担培训任务；承训单位应当参照院校标准，建立并执行教学课时费补助制度。

（二）承训单位应当选用由陆军统一组织编写修订的统编教材，部分专项培训教材可由承训单位按照培训方案组织编写修订。

（三）承训单位应当采取工训结合的方式，按照培训实际需求，提供足够数量的教学训练装备、设备、器材、工具保障，并及时做好维护和更新，保持良好技术状态；对培训所需特殊设备、器材，可按规定向陆军装备部相关业务主管部门请领。

第二十一条 加强质量管理。

承训单位必须建立全面教学质量管理体系，严格执行教学质量标准，落实教学质量管理制度，保证培训质量。

承训单位应当建立教学督导组织，对教学工作进行监督、检查、指导，向单位党委提供教学信息、决策咨询和建议。

第二十二条 加强学员管理。

驻装备承制单位军事代表室负责培训对象的日常管理，协助装备承制单位做好培训有关工作。

送训单位应当在培训对象中指定负责人，协助驻装备承制单位军事代表室做好相关管理、服务工作，培训对象培训期间发生违规违纪问题交由送训单位处理。

承训单位必须对学员实施连队化管理，按照解放军内务、纪律、队列"三大条令"要求规范过程管理，每100名学员，需要选配2名专职管理人员，专职管理人员由承训单位选配或聘任军转干部。

第二十三条 培训考核结业。

依托装备承制单位培训结束前，由驻装备承制单位军事代表室会同装备承制单位和送训单位，根据不同培训形式、部队岗位技能需要和日常管理实际，制定考核评定标准和实施办法,对培训对象进行考核评定。考核评定等次分为优秀、良好、合格、不合格,其中优秀的比例不超过20%。

考核结束后,驻装备承制单位军事代表室负责填写《入装备承制单位培训人员考核评定表》(附件六)一份,随人员归建,由战区部队装入本人档案;战区部队将《入装备承制单位培训人员名册》(附件五)逐级上报至军兵种、战区相关业务部门。

考核方式可以采取随机考核、定期考核、结业考核等。考核方法通常分为闭卷考试、开卷考试、口试、网上考试、实际操作考试、平时作业成绩累加等。

第五章 培训督导

第二十四条 自查总结。

承训单位每年对人才培训情况进行一次自查,重在总结经验、查找和解决问题。自查报告应于每年12月底前上报陆军装备部备案。

第二十五条 专项督导。

陆军装备部业务主管部门,负责牵头建立装备承制单位人才培训管理专家库,每年从专家库中抽组培训督导组,对各承训单位人才培训工作进行不定期的专项督导检查。

第二十六条 奖励惩罚。

陆军装备部业务主管部门,对装备承制单位人才培训工作考评优秀的单位和个人,依据《中国人民解放军纪律条令》等规定给予奖励;对考评不合格的单位,予以通报批评。承训单位对学员的奖惩参照《中国人民解放军纪律条令》执行。

第六章 经费管理

第二十七条 经费用途。

依托装备承制单位培训经费,主要用于装备承制单位编写培训教材、聘请专家授课、培训对象食宿保障以及装备动用所需燃油动力、水电气暖和相关器材消耗等开支,以及驻装备承制单位军事代表室对培训对象日常管理开支。

第二十八条 经费标准。

为保证经费管理和使用效益,培训经费采取后支付方式保障。军委机关统训和军兵种、战区分训应按照《军队培训班经费管理办法》,结合培训实际,测算经费保障需求,纳入年度装备保障计划及预算。

第二十九条 经费结算。

培训工作结束后,承训单位将培训工作相关信息录入《工作信息管理系统》,将自动生成《入装备承制单位培训经费结算单》(附件七),经装备承制单位、驻承制单位军事代表室、送训单位签章确认后,承制单位于每年10月底前将信息系统电子数据、《入装备承制单位培训经费结算单》连同培训通知、实际参训人员签到表、讲课费签收单以及承制单位出具的明细单据等相关原始凭证(或复印件),上报陆军装备部进行经费审核。

陆军装备部业务部门组织对各承制单位年度培训经费进行审核,审核结束后,陆军装备部业务部门于每年12月15日前,将《年度培训费用审核报告》上报财务部门,按规定程序办理经费结算。

第七章 信息管理

第三十条 信息采集。

依托装备承制单位培训军队装备技术保障人才工作产生的所有信息应及时登记、统计并录入《装备技术保障人才培训管理系统》。采集的信息主要包括:专业简介、培训资源、培训需求表、参训人员信息、培训考核鉴定信息、培训大纲、培训教材、经费支出信息、总结报告(内容包括完成的主要工作和培训情况、提高部队技术保障能力的建议等)等。

管理系统的开发使用、维护管理和数据传递等必须采取安全保密措施,防止失、泄密事故和案件发生。

第三十一条 信息上报。

承训单位必须严格按照要求和规定时限,将年度培训信息上报陆军装备部。

第三十二条 信息跟踪。

承训单位应当与送训单位建立人才培训的信息交流机制,及时了解掌握部队岗位能力素质要求、培训质量效果、岗位履职情况等信息,适时修订教学实施计划。

第三十三条 信息管理。

承训单位装备技术保障人才培训资料应当集中存放、分类编卷、索引备查,永久性的重要资料应当备有副本。每年度培训工作原始文档资料保存时间不得低于5年,备案备查。必须严格规范资料的编册、增减、核对、借阅、复制、交接、保存期限、呈报传送、安全保密等方面的管理。

陆军装备部业务主管部门组织对年度培训工作信息进行统计汇总、分类整理,针对部队装备管理使用和技术保障中存在的具体问题研究对策,建立健全培训工作信息共享机制。

第三篇　培训方案制订规范

第一部分　培训专业简介制订规范

一、制订目的

论证培养目标、明确培训要素、规范培训过程,为科学制订培训计划夯实基础。

二、制订要求

(一)适应军民融合人才培训方式发展,按照装备技术保障人才岗位能力素质标准,科学确定体现本单位特色的专业培养目标。

(二)综合考虑承训条件和部队训练规律,研究设置培训对象、岗位、学制、开班时间、每期人数等内容。

(三)着眼军队装备保障技术人才培养规律,深入论证,合理确定支撑本专业的主干课程、实践环节、设施设备等要素。

三、制订任务

(一)现有专业的规范制订。对现有军委机关赋予装备承制单位的装备保障技术人才培训专业进行制订。

(二)拟开专业的规范制订。根据部队对保障人才培养的要求,结合装备建设和发展情况,研究确定本单位拟开设的各类专业,并完成专业规范的制订。具体专业由各单位结合自身培训能力和装备承制任务确定。

四、基本内容及说明

(一)标题:填写××专业简介。

(二)编号:专业规范编号共14位,具体如下:××××(年度)××(类型)××(流水号)××××××(培训装备承制单位)。

具体说明如下:

1. 年度:4位,专业规范制定年度。

2. 类型:2 位。1—跟研培训,2—跟产培训,3—接装培训,4—深化培训,5—跟修培训,6—职业技能鉴定培训,7—其他培训。

3. 流水号:2 位,按各单位开设专业计数。

4. 培训装备承制单位编号:6 位,暂不填写,由上级业务机关统一编码。

(三)类型:单选项,填写选项包括跟研培训、跟产培训、接装培训、深化培训、跟修培训、职业技能鉴定培训,以及其他培训。

(四)培训装备承制单位:填写承训单位全称。

(五)培训地点:填写承训单位培训地点。

(六)专业名称:填写培训专业名称。

(七)培训对象类型:多选项,填写选项包括现役军官、文职人员、士兵。

(八)任职岗位类型:多选项,填写选项包括装备管理使用、维修保障、存储保管、教学科研等。

(九)培训对象单位:多选项,填写选项包括作战部队、军队装备修理保障机构、院校、训练机构、科研院所等。

(十)适用装备型号:培训内容包含的装备型号。

(十一)适用装备分系统(部组件):培训内容包含的装备分系统或部组件。

(十二)业务培养目标:填写能力培养目标。

(十三)学制:根据培养目标确定,以天为单位,一般建议 60 天以内,复杂专业可适当延长。

(十四)每年期数:根据部队需求确定,建议小于 2 次/年。

(十五)每期招生数:综合部队实际需求及承训条件合理设置。

(十六)报到时间:综合承制单位生产和部队训练时间,合理设置报到时间。

(十七)主干课程:填写与业务培养目标联系紧密的课程。

(十八)主要实践环节:填写围绕装备保障训练开展的实操、演练等环节和内容。

(十九)设施:填写开展专业培训已有的教室、实验室、车间等固定设施场所的名称、功能和承训人数。

(二十)设备:填写开展专业培训已有的装备、仪器、器材等训练设备的名称、功能和数量。

(二十一)教材资料:填写开展专业培训已有的教材、讲义、标准等训练资料的名称、作者和出版单位等。

(二十二)联系方式:填写培训有关事项联系单位、联系人、电话、通信地址、电子邮箱等。

制订范例:火控系统维修专业简介

(一)编号:20150501000001。

（二）类型：跟修培训。

（三）培训装备承制单位：××集团××厂。

（四）培训地点：××省××市××区××路。

（五）专业名称：火控系统维修。

（六）培训对象类型：现役军官、文职人员、士兵。

（七）任职岗位类型：维修保障、教学科研。

（八）培训对象单位：军队装备修理保障机构、院校、训练机构。

（九）适用装备型号：96A 坦克。

（十）适用装备分系统（部组件）：火控系统。

（十一）培养目标：了解火控系统组成和原理；熟悉火控系统检测原理；掌握火控系统检测维修技术，具备独立开展火控系统检测维修能力，达到中高级修理水平。

（十二）学制：30 天。

（十三）每年期数：2 期。

（十四）每期招生数：30 人。

（十五）报到时间：2月1日。

（十六）主干课程：火控系统构造原理，火控系统检测维修。

（十七）主要实践环节：火控系统检测维修。

（十八）设施：1.××检测车间，具备××功能，可承训××人；2.××检测车间，具备××功能，可承训××人。

（十九）设备：1.××器材××套，可开展××功能；2.××装备××套，可开展××功能。

（二十）资料：1.××教材，××编，××出版，××年；2.××标准，××编，××出版，××年。

（二十一）联系方式：××集团××公司××办公室，联系人×××，电话××（办公室）、×××（手机），通信地址××××，邮编×××，电子邮箱×××。

第二部分　人才培养方案制订规范

第一章　人才培养方案制订要求

一、人才培养方案作用

人才培养方案是培养人才的总体设计蓝图，是装备承制单位组织教学活动、实施教学管理的主要依据,是装备承制单位贯彻教育思想和教育理念的集中体现,是装备承制单位教学理念、教学思想的具体体现。

二、基本要求

人才培养方案要整体设计、抓住重点,紧密跟踪装备保障建设和专业发展形势,突出装备承制单位教学训练的改革创新;要准确定位、突出特色,坚持人才培养的正确方向,体现各种培训方式的特点规律和教学训练方式的灵活多样。

人才培养方案原则上应包含培养目标模型、招生对象、学制与时间分配、课程设置、全程培养计划、考核与结业、有关问题的说明等7个方面的内容。

(一)培养目标模型

培养目标模型要紧紧围绕部队装备建设和岗位发展需求,突出人才岗位能力的培养。重点描述人才培养的总体目标,即培养的人才能满足什么任务、胜任什么岗位、具备什么能力素质等。

(二)招生对象

从对象类型、岗位类型、单位类型、能力素质基础等方面对培训对象提出具体要求,以保证入学专业对口率,提高人才培训针对性。

(三)学制与时间分配

学制通常为1周~5个月,具体由各单位根据专业性质和培训目标确定。时间分配包括教学时间和非教学时间。教学时间主要包括理论教学时间和实践课目时间,其中,理论教学的周学时原则上24~30学时(每周按5个教学日计),实践教学时间可全天连续进行;非教学时间主要包括考核评价、法定休息日及机动(入学和结业工作)时间。

(四)课程设置

课程设置要紧密结合部队训练、装备保障和岗位实践三个方面的要求,从基础知识、专业技术能力、素质拓展三个方面进行构建,包括课程模块、课程名称、教学内容、学时数、考核性质等要素。

(五)全程培养计划

培训过程分为课内教学与课余自学两部分,课内教学主要由外聘专家和装备专家组织开展,分理论与实践教学两种形式。理论教学主要以课堂讲授与分组研讨为主要形式开展;实践教学主要以参观见学、模拟仿真、实验试验、装备研制生产维修实践等形式开展。自学主要依靠参训者本人根据个人实际情况开展自行研究与学习,相关技术骨干负责辅导答疑。

(六)考核评价及结业

考核评价应贯彻"实践应用考核为主,理论知识考核为辅"的原则,突出能力素质考核。考核方式要灵活多样,短期培训原则上不组织单科理论考核,专业业务考核通过实践操作、综合作业、保障演习等方式进行。具体考核方式由各专业单位根据专业性质和学制确定。

(七)有关问题的说明

对教材及参考资料、教学保障条件等事项进行明确。

第二章　跟研培训人才培养方案(试行)

一、人才培训目标模型

(一)人才培训总目标

在装备研制阶段,通过组织军队装备技术保障人员到装备承制单位参与装备设计、试验、定型等工作,使受训人员熟悉新装备结构原理、战技性能、关键技术等,培养能够胜任部队新装备科学研究、教学训练或技术保障任务,满足部队装备技术专家人才岗位发展需求,具备较高科研能力、保障能力和教学水平的高级装备技术保障人才。

(二)人才培训分目标

理论知识分目标:了解装备论证研发相关学科知识和装备研发基本理论;熟悉装备论证研发的法规制度。

专业技术能力分目标:熟悉装备的设计、试验、定型等研发过程以及装备论证研发的基本方法;学会根据装备作战需求构建装备性能指标体系,开展针对性技术研究,了解可行性、可靠性、维修性与保障性分析的方法;熟悉型号装备的结构原理与战技性能,掌握关键技术,并应用到装备保障与教学训练实际工作中。

能力素质拓展分目标:了解装备研发各阶段的具体任务;熟悉开展装备研究的具体过程与方法;培养科学攻关、团队协作、创新实践与严谨细致的科学研究素养;学会撰写装备需求分析、技术性能及可行性分析、方案论证与可靠性分析、试验报告与定型申请等技术文书,提高科学研究能力与学术水平。

(三)人才培训模型

基础知识	学科知识	了解装备研发阶段相关光、机、电、液等学科知识,为深层次了解装备研发、掌握关键技术提供理论支撑
	法规制度	熟悉与装备研发工作相关的条令条例与法规制度,为规范装备研发工作提供法规制度保障
	基本理论	熟悉装备研发阶段的基本工作,初步掌握装备的论证、设计、研发、试验、定型等基本工作程序与内容,为开展装备全系统全寿命管理与保障打好理论基础

续表

专业技术能力	把握装备研发的基本过程	了解装备论证、方案设计、工程研制等阶段的基本过程;熟悉研发过程中针对装备论证设计与研制试验的具体任务;掌握研发工作设计、试验、定型等阶段的关键技术、方法与手段,丰富装备技术保障与教学内容
	掌握装备研发各个环节的基本方法	了解装备论证研发设计试验的基本方法;熟悉装备的需求论证、方案论证与设计、样机试验、可靠性维修性保障性分析、定型与生产申请等环节的任务、方法与规范标准;具备应用装备研发理论与实践方法解决装备保障与教学矛盾问题的能力
	熟悉装备关键技术性能	学会根据装备作战需求构建装备性能指标体系,通过熟悉型号装备的系统与性能、构造与工作原理,进一步掌握装备的关键技术,会应用关键技术与方法开展装备技术保障项目的研究与实践
素质拓展	科研学术能力	掌握开展装备技术保障领域科研学术工作的思路与方法,提高开展装备技术保障工作的科研学术能力
	装备保障素养	深入了解装备的作战效能与战术技术性能,掌握与装备发展相关的新技术、新材料、新工艺,提高应用现代技术开展装备技术保障工作的素养
	科研学术作风	培养作战需求牵引、科学攻关、团队协作、创新实践与严谨细致的科学研究素养与学术创新意识,形成追求卓越、引领前沿的工作作风

二、招生对象

具有本科以上学历、讲师(工程师)等以上职称、3年以上专业岗位业务经历,业务素质好、专业技术精,具有晋升高一级专业技术职务的潜力,身体健康,品行端正,热爱部队装备保障工作的技术军官和文职人员。

三、学制及时间分配

(一)学制:3个月

(二)在校时间分配(单位:天)

类别		时间分配	
		天数	小计
教学时间	课内教学	58	58
	综合训练	0	
非教学时间	机动	8	32
	休息日	24	
合计			90

四、课程设置

课程模块	课程名称	教学内容	学时数			考核性质	授课单位
			总学时	讲授学时	实践学时		
基础知识	军事装备学概论	军事装备学科基本知识（自学）	8	8		考查	外聘
	装备技术发展史	装备技术发展历程，最新装备理论研究与新技术	16	8	8	考查	外聘
	装备法规基础	装备研发工作相关的条令条例与法规制度	12	12		考查	外聘
	小计		36	28	8		
专业技术能力	装备研发的过程与方法	装备论证、设计、研制等阶段的基本过程；装备的论证、设计、试验、定型与生产等环节的任务、方法与规范标准，应用装备研发理论与实践解决装备保障与教学矛盾问题的方法	88	24	64	考试	研究所
	装备研发关键技术	型号装备的系统优化设计方法；动力系统、传动系统、操纵系统、行动系统、武器系统（含火控观瞄）、指控通信系统、电气系统（含特种电气）及防护系统等的研发与关键技术	164	64	100	考试	研究所
	小计		252	88	164		
素质拓展	项目研究与成果	开展装备科学研究的基本工作与相关成果推广	12	4	8	考查	研究所
	学术研究及成果	开展学术研究的方法与成果转换	12	4	8	考查	研究所
	型号装备保障工作	针对新型装备保障任务、保障技术及配套的保障装备，开展装备保障能力建设研究	20	8	12	考查	研究所
	小计		44	16	28		
	合计		332	132	200		

五、全程培养计划

培训过程分为课内教学与课余自学两部分，课内教学主要由外聘专家和装备研究所专家组织开展，分理论与实践教学两种形式。理论教学主要以课堂讲授与分组研讨为主要形式开展；实践教学主要以参观见学、模拟仿真、实验试验等形式开展。自学主要依靠参训者本人根据个人实际情况开展自行研究与学习,研究所相关技术骨干负责辅导答疑。

六、考核评价及结业

(一)考核方式及成绩评定

1. 考核方式。考核方式分为考查与考试两种类型,考查成绩由授课教员随堂开展进行,不单独进行组织;考试着重围绕知识拓展和能力培训展开,主要以论文答辩、课后作业、问题解答、课题研究与攻关等形式进行。

2. 成绩评定。考查课评价为合格、不合格两个等级,考试分为优、良、中、差四个等级。

(二)结业

培训人员在规定修业时间内,训完教学计划规定的全部课程,结业前参加由培训单位组织的综合考核。成绩全部合格者准予结业,发给《跟研培训合格证书》;中途退学、无故缺课8学时(含)以上、缺考或任意一门课程考核不合格者不发证书。

七、有关问题的说明

(一)时间安排

1. 每周教学时间为5天。

2. 每天第七、八节课为军体训练时间,如当天教学为野外、车场等实践教学,训练时间调整到早操晚训时间进行。其他没有教学的时间为个人自学时间。

3. 实践教学主要安排讲座、参观见学、实验试验、研讨交流等活动。

(二)其他补充

培训单位可以根据培养方案具体安排调整教学计划,根据参训者的个体差异和培训需求,适当调整教学内容、时间和进程;结合培训内容合理确定授课人员,提供必要的跟研团队和培训场所,确定辅导答疑的指导老师。

第三章 跟产培训人才培养方案(试行)

一、人才培训目标模型

(一)人才培训总目标

在装备生产阶段,通过组织军队装备技术保障人员参与装备承制单位在线生产、总装调试、故障排除等工作,使受训人员掌握装备的装配分解、调试检测、故障排除等保障技能,培养能够胜任部队装备使用维修保障任务,满足部队装备使用维修保障技术骨干人才岗位发展需求,具备一定装备使用维修保障技能的初、中级装备技术保障人才。

(二)人才培训分目标

理论知识分目标:了解装备生产作业相关学科知识;熟悉装备生产作业的法规制度;知道装备生产管理的基本理论知识。

专业技术能力分目标:了解装备生产组织计划、生产流程、生产作业、生产工艺、质量控制、安全生产、生产管理等过程;知道装备各部件组织生产的基本方法;熟悉型号装备的构造性能与工作原理;掌握装备装配分解、调试检测、排除故障等保障技能,为开展装备使用、维修与管理等保障工作奠定基础。

能力素质拓展分目标:通过了解装备生产阶段的计划与实施、流程与环节、具体任务与目标控制,掌握装备新材料、新技术、新工艺在装备生产、使用、维修保障作业的具体应用,培养产学研一体化意识。

(三)人才培养模型

理论知识	学科知识	了解装备生产阶段相关光、机、电、液等学科知识,为深层次了解装备生产与工艺提供理论支撑
	法规制度	熟悉与装备生产相关的条令条例、规范标准等法规制度,为规范装备生产提供法规制度与保障
	基本理论	熟悉装备生产阶段的基本工作,初步掌握装备生产的计划组织、生产工艺、生产管理、质量控制、安全作业等基本工作程序与内容,为开展装备使用与维修保障工作奠定理论基础
专业技术能力	把握装备生产的基本过程	了解装备生产计划、零部件加工与采购、部件组装、装备分解与装配、调试检测、故障排除等生产作业过程;熟悉装备的构造性能与工作原理
	熟悉装备生产各环节的基本方法	了解装备生产过程中各环节的组织实施方法;熟悉装备生产任务的计划拟制、零部件加工与采购、部件与系统的组装与检测、装备组装与调试、装备试车与故障排除等基本方法;具备装备使用与维修保障工作的组织实施能力
	掌握装备生产加工技术与工艺	学会根据装备生产计划与技术文件,领会装备各系统部件的生产与组装全过程的技术与工艺,进而把握装备各系统的构造与工作原理,熟悉其战技术性能,能够在装备使用维修过程中按照生产技术与工艺标准开展装备使用维修保障工作
能力素质拓展	生产作业能力	熟悉装备生产作业组织实施方法;掌握装备零部件加工生产、装备生产装配、产品质量管控方法;学会应用关键技术开展装备保障业务工作
	组织管理能力	学会在装备生产过程中,通过现代管理技术与装备生产管理法规,对装备生产过程与质量实施有效管理的方法,确保装备生产质量与效益
	新材料、新技术、新工艺应用能力	培养应用新材料、新技术、新工艺解决装备保障问题的能力,养成善于学习新理论、研究新问题、注重使用维修保障实践的工作作风

二、招生对象

具有高中以上学历、2年以上岗位业务经历,专业技术基础扎实,具有培养业务能手和晋升高一级技术职务的潜力,身体健康,品行端正,热爱部队装备保障工作的技术保障军官、军士和文职人员。

三、学制及时间分配

(一)学制:2个月

(二)在校时间分配(单位:天)

类别		时间分配	
		天数	小计
教学时间	课内教学	39	39
	综合训练	0	
非教学时间	机动	4	21
	休息日	17	
合　计			60

四、课程设置

课程模块	课程名称	教学内容	学时数			考核性质	授课单位
			总学时	讲授学时	实践学时		
基础知识	军事装备学概论及生产法规基础	军事装备学科基本知识;装备生产制造相关的条令条例与法规制度	12	8	4	考查	生产厂家
	装备生产技术基础	装备生产阶段相关光、机、电、液等学科知识;装备生产技术、设备、材料与工艺;装备生产的计划组织、生产工艺、生产管理、质量控制、安全作业等基本工作程序	24	8	16	考查	生产厂家
	小　计		36	16	20		
专业技术能力	装备构造性能与工作原理	装备动力部分、传动部分、行动部分、操纵部分等部分构造性能与工作原理	48	16	32	考试	生产厂家
	装备生产与管理	装备生产技术与工艺标准;装备生产计划、零部件加工与采购、部件组装、装备分解与装配、调试检测、故障排除等生产作业过程及主要环节的组织实施方法;装备生产管理制度规定;装备生产过程与质量的管理	96	24	72	考试	生产厂家
	小　计		144	40	104		

续表

课程模块	课程名称	教学内容	学时数			考核性质	授课单位
			总学时	讲授学时	实践学时		
素质拓展	装备生产与技术保障	装备生产的组织过程方法与装备保障的部件加工、生产装配、产品质量管控；应用关键技术开展装备保障业务工作	16	8	8	考查	生产厂家
	产学研一体化教育	应用新技术、新材料、新工艺解决装备保障问题；善于学习新理论，勤于研究新问题，注重实践新工艺	16	8	8	考查	生产厂家
小　计			32	16	16		
合　计			212	72	140		

五、全程培养计划

培训过程分为课内教学与课余自学两部分，课内教学主要由外聘专家和装备研究所专家组织开展，分理论与实践教学两种形式。理论教学主要以课堂讲授与分组研讨为主要形式开展；实践教学主要以参观见学、生产作业、组织管理等形式开展。自学主要依靠参训者本人根据个人实际情况开展自行研究与学习，研究所相关技术骨干负责辅导答疑。

六、考核评价及结业

(一)考核方式及成绩评定

1. 考核方式。考核方式分为考查与考试两种类型，考查成绩由授课教员随堂开展进行，不单独进行组织；考试着重围绕知识拓展和能力培训展开，主要以论文答辩、课后作业、问题解答、生产作业与组织管理等形式进行。

2. 成绩评定。考查课评价为合格、不合格两个等级，考试分为优、良、中、差四个等级。

(二)结业

培训人员在规定修业时间内，训完教学计划规定的全部课程，结业前参加由培训单位组织的综合考核。成绩全部合格者准予结业，颁发《跟产培训合格证书》；中途退学、无故缺课8学时(含)以上、缺考或任意一门课程考核不合格者不发证书。

七、有关问题的说明

(一)时间安排

1. 每周教学时间为5天。

2. 每天第七、八节课为军体训练时间,如当天教学为野外、车场等实践教学,训练时间调整到早操晚训时间进行。其他没有教学的时间为个人自学时间。

3. 实践教学主要安排讲座、参观见学、实验试验、生产作业、组织管理、研讨交流等活动。

（二）其他补充

培训单位可以根据培养方案具体安排调整教学计划,根据参训者的个体差异和培训需求,适当调整教学内容、时间和进程;结合培训内容合理确定授课人员,提供必要的跟产团队和学习场所,确定辅导答疑的指导老师。

第四章 接装培训人才培养方案（试行）

一、人才培训目标模型

（一）人才培训总目标

在装备交付部队时,通过组织军队装备技术保障人员到装备承制单位进行技术技能培训,使受训人员熟悉装备交接、使用、检查、基本维护保养、一般故障排除等基本方法,培养能够胜任部队装备使用保障任务,满足部队装备使用人员岗位发展需求,具备一定装备使用保障技能的装备使用人员。

（二）人才培训分目标

理论知识分目标:熟悉装备列装调配法规制度。

专业技术能力分目标:了解装备列装调配计划、装备交接运输等过程;知道装备交接的基本过程与工作;会根据装备交接文书,规范有序地进行装备交接工作。了解装备的主要性能指标与操作使用规范;熟悉型号装备的大部构造、主要性能;具备装备操作使用、检查与维护保养、一般故障排除等基本技能,为开展装备使用、维护保养和排除一般故障等保障工作奠定基础。

（三）人才培养模型

理论知识	法规制度	熟悉装备交接相关条令条例、规范标准、法规制度等,为规范装备交接提供法规制度保障
专业技术能力	把握装备交接的基本过程	了解装备交接计划、交接培训、交接手续、交接押运等过程,熟悉每一过程中针对装备交接的具体任务
	熟悉装备运输与使用维护的基本方法	了解装备交接过程中各环节的组织实施方法;熟悉装备交接计划、过程、文书填写、运输和使用维护保养等环节的方法与标准
	掌握装备正确操作使用与维护保养技能	了解装备大部构造、基本工作原理与主要性能指标;具有装备操作使用、维护保养及一般故障排除的基本技能,确保装备服役部队后能够正确开展使用、维护与保养工作

二、招生对象

具有高中以上学历、从事装备管理岗位业务工作的军官、文员或分队从事本专业岗位的军士,专业基础扎实,具有培养业务能手的潜力,身体健康,品行端正,热爱部队装备保障工作的技术保障军官、军士和文职人员。

三、学制及时间分配

(一)学制:1个月

(二)在校时间分配(单位:天)

类别		时间分配	
		天数	小计
教学时间	课内教学	20	20
	综合训练	0	
非教学时间	机 动	2	10
	休息日	8	
合 计			30

四、课程设置

课程模块	课程名称	教学内容	学 时 数			考核性质	授课单位
			总学时	讲授学时	实践学时		
基础知识	装备交接制度规定	装备交接和使用阶段相关条令条例、规范标准等法规制度	6	4	2	考查	工厂
专业技术能力	装备交接与运输	装备交接计划、交接培训、交接手续、交接押运等装备交接过程与装备交接组织实施方法;装备运输等环节的标准与实施方法	24	12	12	考试	研究所
	装备使用与维护保养	装备大部构造、基本工作原理与主要性能指标;装备操作使用、维护保养及一般故障排除	42	18	24	考试	研究所
合 计			72	34	38		

五、全程培养计划

培训过程分为课内教学与课余自学两部分,课内教学主要由外聘专家和装备研究所专家组织开展,分理论与实践教学两种形式。理论教学主要以课堂讲授与分组研讨为主要形式开展;实践教学主要以参观见学、装备交接、文书填写、运输保障等形式开展。自学主要依靠参训者本人根据个人实际情况开展自行研究与学习,研究所相关技术骨干负责辅导答疑。

六、考核评价及结业

(一)考核方式及成绩评定

1. 考核方式。考核方式分为考查与考试两种类型,考查成绩由授课教员随堂开展进行,不单独进行组织;考试着重围绕知识拓展和能力培训展开,主要以论文答辩、课后作业、问题解答、装备交接与文书填写、运输保障等形式进行。

2. 成绩评定。考查课评价为合格、不合格两个等级,考试分为优、良、中、差四个等级。

(二)结业

培训人员在规定修业时间内,训完教学计划规定的全部课程,结业前参加由培训单位组织的综合考核。成绩全部合格者准予结业,颁发《接装培训合格证书》;中途退学、无故缺课8学时(含)以上、缺考或任意一门课程考核不合格者不发证书。

七、有关问题的说明

(一)时间安排

1. 每周教学时间为5天。

2. 每天第七、八节课为军体训练时间,如当天教学为野外、车场等实践教学,训练时间调整到早操晚训时间进行。其他没有教学的时间为个人自学时间。

3. 实践教学主要安排讲座及参观见学,装备交接、装备操作使用,文书填写、研讨交流等活动。

(二)其他补充

培训单位可以根据培养方案及参训者的个体差异和培训需求,适当调整教学内容、时间和进程;结合培训内容合理确定授课人员,提供必要的接装培训团队和培训场所,确定辅导答疑的指导老师。

第五章 深化培训人才培养方案(试行)

一、人才培训目标模型

(一)人才培训总目标

在装备交付部队后,通过组织军队装备技术保障人员到装备承制单位或请装备承制单位专家到部队，对装备技术保障人才进行装备理论知识更新和技术技能升级培训，培养能够胜任部队装备使用维修保障任务，满足部队装备使用维修保障技术骨干人才岗位发展需求，具备一定装备使用维修保障技能的初、中级装备技术保障人才。

（二）人才培训分目标

1. 理论知识分目标。了解装备使用维修相关学科知识和基本理论知识；熟悉装备使用维修的法规制度。

2. 专业技术能力分目标。深化熟悉装备的构造、工作原理与战术技术性能；掌握装备正确的操作使用方法；进行装备操作使用、维护保养与维修保障理论知识更新和技术技能升级培训，能够正确组织开展平战时车务业务工作和装备维修保障业务工作，确保装备战术技术性能保持良好状态，为开展装备使用、维修与管理等保障工作奠定基础。

3. 能力素质拓展分目标。通过了解装备生产阶段的计划与实施、流程与环节、具体任务与目标控制，掌握装备新材料、新技术、新工艺在装备生产、使用、维修保障作业的具体应用，把新装备尽快转换为战斗力与保障力。

（三）人才培养模型

理论知识	学科知识	了解装备使用维修相关光、机、电、液等学科知识，为装备操作使用与维修保障提供理论支撑
	法规制度	熟悉装备操作使用与维修业务工作的相关条令条例、规范标准等法规制度，为规范装备操作使用与维修保障工作提供法规依据
	基本理论	掌握装备使用维修阶段的基本工作；了解现代维修基本理论，为开展装备使用维修保障工作打好理论基础
专业技术能力	了解新装备使用维修保障的基本过程	了解装备战备与训练、使用与维护、出车前检查、训练间隙保养、回场后系统检查与保养、换季保养、检查评比、维修保障等装备保障过程，进一步熟悉新装备的构造原理与操作使用
	熟悉新装备使用维修保障方法	了解装备使用过程中的各保障环节的组织实施方法；掌握新装备正确的操作使用方法、维护保养方法、维修保障方法等；具备应用装备使用维修保障方法发现和解决装备保障过程中矛盾问题的能力
	掌握新装备使用维修保障技能	升级新装备操作使用、维护保养与维修保障技术技能；具备解决新装备保障过程中疑难问题的能力，确保新装备战技术性能保持良好状态
素质拓展	生产维修作业能力	熟悉装备生产维修作业组织实施方法；掌握装备零部件加工生产、装备生产装配、产品质量管控方法；学会应用关键技术开展装备保障业务工作

续表

素质拓展	组织管理能力	学会在装备生产维修过程中,通过现代管理技术与装备生产维修管理法规,对装备生产维修过程与质量实施有效管理的方法,确保装备生产维修质量与效益
	新材料、新技术、新工艺应用能力	培养应用新材料、新技术、新工艺解决装备保障问题的能力,养成善于学习新理论、研究新问题、注重使用维修保障实践的工作作风

二、招生对象

具有高中以上学历,从事装备操作使用和修理技术岗位,身体健康,品行端正,适应部队装备更新换代需要的装备技术保障军官、军士和文职人员。

三、学制及时间分配

(一)学制:1个月

(二)在校时间分配(单位:天)

类　　别		时间分配	
		天数	小计
教学时间	课内教学	20	20
	综合训练	0	
非教学时间	机动	2	10
	休息日	8	
合　　计			30

四、课程设置

课程模块	课程名称	教学内容	学时数			考核性质	授课单位
			总学时	讲授学时	实践学时		
基础知识	装备技术基础	装备使用阶段涉及的机械以及光、机、电、液等学科知识	4	4		考查	外聘
	装备使用维修基本理论与法规制度基本工作	规范相关型号装备操作使用与维修业务工作的相关条令条例、检查保养维修等规范标准及相关法规制度;相关型号装备使用阶段的基本工作;装备使用的调拨交接、分类保管、动用使用、维护保养、故障排除、装备维修等基本工作	8	6	2	考查	工厂
		小　　计	12	10	2		

续表

课程模块	课程名称	教学内容	学时数 总学时	学时数 讲授学时	学时数 实践学时	考核性质	授课单位
专业技术能力	新装备使用维修与保障	相关型号装备战备与训练、使用与维护、出车前检查、训练中间隙保养、回场后系统检查与保养、换季保养、检查评比、维修保障等装备保障基本过程；相关型号装备使用过程中各保障环节的组织实施方法；新装备正确的操作使用、保养、维修组织实施方法等；新装备的操作使用、保养技能与维修技能升级；新装备疑难故障发现及排除	88	32	56	考试	工厂技术人员
	小　计		88	32	56		
素质拓展	装备生产维修组织与管理	装备生产维修作业组织实施方法；装备零部件加工生产、装备生产装配及产品质量的管控方法；装备生产中的关键技术与装备保障	24	12	12	考查	工厂技术人员
	小　计		24	12	12		
	合　计		124	54	70		

五、全程培养计划

培训过程分为课内教学与课余自学两部分，课内教学主要由外聘专家和工厂委派专家组织开展，分理论与实践教学两种形式。理论教学主要以课堂讲授与分组研讨为主要形式开展；实践教学主要以参观见学、新装备使用、新装备维修、新装备故障排除等实装教学为主开展。自学主要依靠参训者本人根据个人实际情况开展自行研究与学习，工厂培训人员负责辅导答疑。

六、考核评价及结业

(一)考核方式及成绩评定

1. 考核方式。考核方式分为考查与考试两种类型，考查成绩由授课教员随堂开展进行，不单独进行组织；考试着重围绕知识拓展和能力培训展开，主要以论文答辩、课后作业、问题解答、新装备操作使用技能演示、新装备维修技能演示、新装备故障排除示范等形式进行。

2. 成绩评定。考查课评价为合格、不合格两个等级，考试分为优、良、中、差四个等级。

(二)结业

培训人员在规定修业时间内,训完教学计划规定的全部课程,结业前参加由培训单位组织的综合考核。成绩全部合格者准予结业,颁发《深化培训合格证书》;中途退学、无故缺课 8 学时(含)以上、缺考或任意一门课程考核不合格者不发证书。

七、有关问题的说明

(一)时间安排

1. 每周教学时间为 5 天。
2. 每天第七、八节课为军体训练时间,如当天教学为野外、车场等实践教学,训练时间调整到早操晚训时间进行。其他没有教学的时间为个人自学时间。
3. 实践教学主要安排讲座、参观见学、新装备使用、新装备维修、新装备故障排除、研讨交流等活动。

(二)其他补充

培训单位可以根据培养方案具体安排调整教学计划,根据参训者的个体差异和培训需求,适当调整教学内容、时间和进程;结合培训内容合理确定授课人员,提供必要的深化培训团队和培训场所,确定辅导答疑的指导老师。

第六章　跟修培训人才培养方案(试行)

一、人才培训目标模型

(一)人才培训总目标

在装备返厂修理或者装备承制单位人员到部队修理装备期间,通过组织军队装备维修保障人员参与修理,使受训人员熟悉掌握装备维修保养、性能检测、故障定位与排除方法等,培养能够满足部队装备维修保障任务需求,胜任部队装备维修保障人员岗位发展需求,具备一定装备维修保障技能的初、中级装备维修保障人才。

(二)人才培训分目标

1. 理论知识分目标。了解装备维修相关学科知识和现代维修的基本理论知识;熟悉装备维修阶段的法规制度。
2. 专业技术能力分目标。熟悉装备修理分队开展装备小修、中修、大修、项修、特修等各维修等级的技术保障工作;熟悉装备维修保养、性能检测、故障定位与排除方法和装备全过程维修工作流程;掌握装备维修工艺、维修技术标准和维修关键技术,保证装备维修质量与效益。

3. 能力素质拓展分目标。了解装备维修业务工作；学会维修计划、维修作业、维修质量、维修设施设备、维修安全等维修全过程管理方法；会维修、懂管理、能组训,全面提高装备维修保障能力。

（三）人才培养模型

理论知识	学科知识	了解装备维修阶段相关光、机、电、液等学科知识,为开展装备维修业务工作提供理论基础
	法规制度	熟悉装备维修的相关条令条例、规范标准、技术条件等法规文件,为规范装备维修业务提供法规制度保障
	基本理论	了解现代维修基本理论；知道维修设计理论、维修技术理论和维修管理理论等相关内容,为开展装备维修保障打好理论基础
专业技术能力	了解装备维修的基本过程	了解装备维修计划编制、装备交接、检查、拆卸、零件清洗与鉴定、选配与安装、部件组合与试验、整车组装与试车、清洁车容、修竣交接等装备维修的基本过程
	熟悉装备维修各环节的基本方法	熟悉装备维修各环节的组织实施方法；掌握装备维修计划拟制、过程组织、人员培训与管理、质量管控、安全生产与管理、检查验收、试车恢复等环节的工作方法；学会发现故障、分析故障、排除故障的基本方法
	掌握装备维修工艺与关键技术	熟悉装备的构造与性能；掌握装备维修工艺、技术标准、关键技术和故障规律,确保满足装备维修保障需要
素质拓展	维修组训能力	学会通过装备维修工作开展维修人员技能培训的方法,提升专业技能组训能力,为开展装备维修人才培训提供保障
	维修管理能力	熟悉装备维修管理业务；掌握装备维修过程组织实施方法；学会应用维修管理法规制度开展装备维修管理工作,确保装备维修质量
	维修机工具设备革新能力	结合维修设备与机工具的使用及部队日常维修工作需求,学会装备维修机工具与保障设备革新方法,不断提高装备维修质量效益

二、招生对象

具有大专以上学历、2年以上专业技术岗位业务经历,热爱部队装备保障工作的技术保障军官和文职人员；具备中士2年以上专业技术岗位业务经历,专业技术基础扎实,具有培养业务能手和晋升高一级技术职务的潜力,身体健康,品行端正,热爱部队装备保障工作的军士。

三、学制及时间分配

（一）学制：2个月

（二）在校时间分配（单位：天）

类别		时间分配	
		天数	小计
教学时间	课内教学	39	39
	综合训练	0	
非教学时间	机 动	4	21
	休息日	17	
合 计			60

四、课程设置

课程模块	课程名称	教学内容	学时数			考核性质	授课单位
			总学时	讲授学时	实践学时		
基础知识	装备维修技术基础	装备维修阶段相关光、机、电、液等学科知识，装备维修技术、设备、材料与工艺	16	8	8	考查	大修厂
	军事装备维修保障概论	军事装备学科基本知识	8	4	4	考查	大修厂
	装备维修法规基础	装备维修相关条令条例、规范标准、技术条件等法规文件	4	4		考查	外聘
	小 计		28	16	12		
专业技术能力	装备维修过程与方法	装备维修计划编制，装备交接、检查、拆卸，零件清洗与鉴定，选配与安装，部件组合与试验，整车组装与试车，清洁车容，修竣交接等；装备维修计划拟制方法、过程组织方法、人员培训与管理方法、质量管控方法、安全生产与管理方法、检查验收方法、试车恢复方法等；故障发现方法、故障分析方法、故障排除方法	64	32	32	考试	大修厂
	装备维修技术	装备构造与性能、故障规律，装备维修技术标准、关键技术和装备维修工艺	88	32	56	考试	大修厂
	小 计		152	64	88		
素质拓展	装备维修管理、组织与实施	装备维修管理制度法规，维修质量管控技术；装备生产与维修的组织过程与实施方法，装备保障业务工作关键技术	20	10	10	考查	大修厂
	装备维修技术革新	装备维修及工具使用维修与保障设备革新	16	8	8	考查	大修厂
	小 计		36	18	18		
合 计			216	98	118		

五、全程培养计划

培训过程分为课内教学与课余自学两部分,课内教学主要由外聘专家和装备研究院专家组织开展,分理论与实践教学两种形式。理论教学主要以课堂讲授与分组研讨为主要形式开展;实践教学主要以参观见学、生产作业、零部件加工及部件系统组装与检测调试、故障排除、组织管理等形式开展。自学主要依靠参训者本人根据个人实际情况开展自行研究与学习,研究所相关技术骨干负责辅导答疑。

六、考核评价及结业

(一)考核方式及成绩评定

1. 考核方式。考核方式分为考查与考试两种类型,考查成绩由授课教员随堂开展进行,不单独进行组织;考试着重围绕知识拓展和能力培训展开,主要以论文答辩、课后作业、问题解答、参观见学、生产作业、零部件加工及部件系统组装与检测调试、故障排除、组织管理等形式进行。

2. 成绩评定。考查课评价为合格、不合格两个等级,考试分为优、良、中、差四个等级。

(二)结业

培训人员在规定修业时间内,训完教学计划规定的全部课程,结业前参加由培训单位组织的综合考核。成绩全部合格者准予结业,颁发《跟修培训合格证书》;中途退学、无故缺课 8 学时(含)以上、缺考或任意一门课程考核不合格者不发证书。

七、有关问题的说明

(一)时间安排

1. 每周教学时间为 5 天。

2. 每天第七、八节课为军体训练时间,如当天教学为野外、车场等实践教学,训练时间调整到早操晚训时间进行。其他没有安排教学的时间为个人自学时间。

3. 实践教学主要安排讲座、参观见学、实验试验、参观见学、生产作业、零部件加工、部件系统组装与检测、调试检测、故障排除、组织管理、研讨交流等活动。

(二)其他补充

培训单位可以根据培养方案及参训者的个体差异和培训需求,适当调整教学内容、时间和进程;结合培训内容合理确定授课人员,提供必要的跟修团队和学习场所,确定辅导答疑的指导老师。

第三部分　课程实施计划制订规范

第一章　课程实施计划制订说明

一、制订目的

以《军队装备技术保障人才培养方案》为基本依据，结合培训基地教学特点，制订课程实施计划，科学规范课程的总体设计，指导编选教材、组织教学和实施评价。

二、制订要求

（一）紧紧围绕各专业人才培养方案确定的培养目标，准确把握课程定位，科学确立教学内容与实施方案，确保课程实施计划达到培养方案的有关要求。

（二）课程应突出岗位业务能力的培养，在内容设计上要坚持理论与实践相结合、知识与技能相结合，突出指向性、针对性和实效性。

（三）课程实施计划要科学规范、具体明确、便于理解，确保在教学实施过程中具有可操作性。

三、基本内容及说明

（一）标题：《××》课程实施计划

（二）课程概述

1. 课程基本情况。

主要明确课程的中文名称、授课单位、课程类别（理论、实践、综合、讲座）、考核方式、学时分配、适用专业等内容。

2. 课程定位。

课程定位主要阐述课程在人才培养中的作用和意义，反映课程对达成人才培养目标所具有的功能。

3. 课程性质。

课程性质主要说明课程类型。

4. 学时分配。

总学时：××学时。理论学时××学时；实践学时××学时。

5. 课程编号。

专业编号共8位,具体如下:×(培训层次)××(类别模块)××××××(培训基地)×××(流水号)。

具体说明如下。

(1)培训层次:1位,固定为6,表示装备承制单位课程。

(2)类别模块:2位。1—理论课,2—综合课,3—实践课,4—讲座课。

(3)培训基地编号:6位,暂时空着,军委机关统一编码。

(4)流水号:3位,按各单位实际课程门次计数。

(三)课程目标

课程目标是对学员课程学习预期结果的综合概括,是本专业的人才培养目标在课程上的具体体现。课程目标主要阐述学员通过课程学习,在知识与技能、岗位与任职能力等方面应达到的预期效果。

(四)实施建议

1. 预修课程。

列出该课程的主要前导课程。

2. 教材及参考资料。

根据课程性质特点和教学需要,指定模块化教材或其他专业教材,学员学习参考资料等。

3. 教学资源。

针对课程特点和教学要求,指定课程的教学课件、软件系统、数据库、教学案例等。

4. 考核与评价。

主要阐述课程考核的方式方法以及成绩评定、成绩分析办法(如各类考核所占的比例)。

5. 保障条件资源。

明确教员教学和学员学习所需要的保障条件(人员、装备、器材、场地等)。

第二章　课程实施计划框架

一、课程概述

(一)课程定位

(二)课程性质

(三)学时分配

(四)课程代码

二、课程目标

(一)知识目标

(二)专业能力目标

(三)方法能力目标

(四)职业素养目标

三、课程设计

(一)设计理念

(二)岗位工作行动领域和学习领域转化

对应岗位工作行动领域	学习领域

(三)学习领域框架设计

模块 \ 学习情境	专题1（学时）	专题2（学时）	专题3（学时）	专题4（学时）	专题5（学时）

四、课程实施流程

专题	节次	时间分配及组织形式				
		理论学时	理论教学组织形式	实践学时	实践教学组织形式	实装训练学时
小 计						

五、内容、方法与标准

专题1

（一）基本内容

1.
2.
……

（二）教学方式方法建议

1.
2.
……

（三）基本标准

1.
2.
……

（四）教学保障

1.
2.
……

（五）学员知识能力准备

1.
2.
……

专题2

（一）基本内容
（二）教学方式方法建议
（三）基本标准
（四）教学保障
（五）学员知识能力准备

专题3

（一）基本内容
（二）教学方式方法建议
（三）基本标准
（四）教学保障
（五）学员知识能力准备

六、考核方案

考核类别		评定办法	
1. 形成性考核（占总成绩比例：　　　）			
序号	学习情境	考核形式	占总成绩比例
2. 终结性考核（占总成绩比例：　　　）			
考核形式		试题来源	
考核范围		考核重点	

七、实施建议

（一）教材编选与使用建议

1. 基本教材			
名称	编者	出版社	出版年月
2. 辅助教材及参考资料			
名称	编者	出版社	出版年月

（二）课程资源开发与利用建议

1. 教学场地与设施设备。
2. 网络教学平台开发。

（三）评价建议

八、有关问题说明

（一）与其他课程联系

（二）课程实施要求

（三）课程建设指导委员会

（四）课程标准主要编写人

第三章　课程实施计划制订范例
（钣金工艺课程实施计划）

一、课程概述

（一）课程定位

本课程对于实现陆军部队履带装甲底盘修理工"适应陆军作战装备保障需要,满足修理分队装甲车辆钣金维修保障岗位工作需求"等人才培养目标具有关键作用,是预选军士钣金工专业主干课程。

（二）课程性质

本课程为预选军士钣金工专业（320 学时）主干课程。

（三）学时分配

总学时:84 学时。理论学时 18 学时;实践学时 66 学时。

（四）课程代码

114511112。

二、课程目标

（一）知识目标

了解钣金工常用设备、工具、器材的种类及使用方法,熟悉安全规则;能利用所学知识进行简单钣金零件的图解展开。

（二）专业能力目标

能利用钣金工工具设备,辅助进行战损装备钣金件的抢修。

（三）方法能力目标

了解装甲保障装备钣金加工的特点及加工范围,会选用适当的钣金工具及设备。

（四）职业素养目标

充分认识钣金工在装备技术保障的地位与作用,形成自主学习、不怕吃苦、精益求精的优良作风,养成从事技术工作的品质和严谨、细致的技术作风。

三、课程设计

（一）设计理念

以"打牢基础,注重能力"为总体思路,以恢复战损装备战斗性能所需要的钣金修理技能为主线构建教学内容。按照教员讲解、分组实习、实操训练的教学流程,采用讲解法、演示法等教学方法,突出钣金工实践教学内容的教学,培养学员对装备钣金零件的抢修能力,考核采用形成性考核加终结性考核相结合的方法,注重实践性环节的考核。

(二)岗位工作行动领域和学习领域转化

对应岗位工作行动领域	学习领域
钣金件修理	钣金工

(三)学习领域框架设计

模块\学习情境	专题1(学时)	专题2(学时)	专题3(学时)	专题4(学时)	专题5(学时)
钣金工(84学时)	钣金常用设备及安全操作技术规则剪裁与冲裁(8学时)	展开放样(16学时)	手工成形(24学时)	锡焊、点焊、铆接弯曲与矫正(12学时)	综合实习(24学时)

四、课程实施流程

专题	节次	时间分配及组织形式				实装训练学时
		理论学时	理论教学组织形式	实践学时	实践教学组织形式	
钣金常用设备及安全操作技术规则剪裁与冲裁(8学时)	1~8	2	理论讲解操作示范	6	设备实习	
展开放样(16学时)	9~24	8	理论讲解	8	展开图练习	
手工成形(24学时)	25~48	4	理论讲解操作示范	20	设备实习	
锡焊、点焊、铆接、弯曲与矫正(12学时)	49~60	4	理论讲解操作示范	8	设备实习	
综合实习(24学时)	61~84			24	设备实习	
小 计		18		66		

五、内容、方法与标准

专题1 钣金常用设备及安全操作技术规则、剪裁与冲裁

(一)基本内容

1. 钣金工作范围。
2. 钣金工作安全技术规则。
3. 剪裁基本知识及实习。
4. 冲裁基本知识。

(二)教学方式方法建议

围绕钣金工作范围及安全技术规则知识、剪切与冲裁任务,采用理论讲解、操作示范、学员分组实习、实际操作技能竞赛等方法实施教学。教员要引导学员自主学习、独立操作。要加强实习指导,个性问题单独指导,共性问题集中辅导。注意实习安全,防止事故发生。学员课上注意剪裁与冲裁方法及安全注意事项,体会操作要领。课后及时复习所学基础知识。充分利用图书馆资源,查找阅读最新加工的设备、方法及发展方向资料。

(三)基本标准

1. 知道钣金基本工作范围,熟悉安全技术规则。
2. 了解剪裁与冲裁设备、操作方法,熟悉安全操作注意事项。

(四)教学保障

1. 实验室与专业教室:钣金车间。
2. 教学设备与器材:剪板机、冲床、切割机等。

(五)学员知识能力准备

具有初步机械零件识图能力;了解金属材料性能及零件测量方法。

专题2 展开放样

(一)基本内容

1. 展开图的画法。
2. 板厚的处理方法。

(二)教学方式方法建议

围绕展开图的画法和板厚的处理方法,采用理论讲解、示范演示、学员分组练习等方法实施教学。教员要引导学员自主学习、独立操作。要加强实习指导,个性问题单独指导,共性问题集中辅导。课后及时复习所学基础知识。充分利用图书馆资源,查找阅读钣金加工方法及发展方向资料。

(三)基本标准

1. 了解平行线法、三角形法、放射线法等钣金展开图的画法。能对简单钣金件进行图解展开。

2. 了解钣金展开板厚处理方法。
(四)教学保障
1. 实验室与专业教室：专业教室。
2. 教学设备与器材：计算机、投影仪、画图工具(尺、规)。
(五)学员知识能力准备
具有初步机械零件识图能力；了解金属材料性能及零件测量方法。

专题3 手工成形
(一)基本内容
1. 咬缝、卷边及制筋方法。
2. 放边与收边方法。
(二)教学方式方法建议
围绕钣金件咬缝、卷边、制筋及放边与收边方法，采用讲解示范、学员分组实习、实际操作技能竞赛等方法实施教学。教员要引导学员自主学习、独立操作。要加强实习指导，个性问题单独指导，共性问题集中辅导。课后及时复习所学基础知识。充分利用图书馆资源，查找阅读钣金加工方法及发展方向资料。
(三)基本标准
1. 了解咬缝、卷边及制筋方法；会进行基本的咬缝、卷边及制筋的基本操作。
2. 了解放边与收边方法；会进行基本的放边与收边操作。
(四)教学保障
1. 实验室与专业教室：钣金车间。
2. 教学设备与器材：剪板机、手工钣金工具等。
(五)学员知识能力准备
具有初步机械零件识图能力；了解金属材料性能及零件测量方法。

专题4 锡焊、点焊、铆接、弯曲与矫正
(一)基本内容
1. 锡焊概念、工具、焊料及操作方法。
2. 点焊机及使用方法。
3. 铆接的概念、工具及操作方法。
4. 弯曲与矫正。
(二)教学方式方法建议
围绕锡焊与点焊、铆接概念、设备工具及操作方法，采用讲解示范、学员分组实习、实际操作技能竞赛等方法实施教学。教员要引导学员自主学习、独立操作。要加强实习指导，个性问题单独指导，共性问题集中辅导。课后及时复习所学基础知识。充分利用图书馆资源，查找阅读钣金加工方法及发展方向资料。

(三)基本标准

1. 了解锡焊概念、工具、焊料及操作方法;会进行基本的锡焊操作。
2. 了解点焊机基本特点和使用方法;会进行基本点焊操作。
3. 了解铆接的概念、铆钉的种类、铆接工具及操作方法;会简单的铆接操作。
4. 了解弯曲与矫正的基本知识。

(四)教学保障

1. 实验室与专业教室:钣金车间。
2. 教学设备与器材:点焊机、焊锡、盐酸、铆接工具。

(五)学员知识能力准备

具有初步机械零件识图能力;了解金属材料性能及零件测量方法。

专题5　综合实习

(一)基本内容

卷边、制筋、手工成形、锡焊、铆接等技能的综合运用。

(二)教学方式方法建议

围绕卷边、制筋、咬缝、锡焊、铆接等实际操作技能的综合运用,采用实际操作技能竞赛、学员自评互评、共同提高等方法实施教学。要加强实习指导,个性问题单独指导,共性问题集中辅导。课后及时复习所学基础知识。充分利用图书馆资源,查找阅读钣金加工方法及发展方向资料。

(三)基本标准

能利用所学知识制作简单钣金零件。

(四)教学保障

1. 实验室与专业教室:钣金车间。
2. 教学设备与器材:剪板机、点焊机、焊锡、盐酸、铆接工具等。

(五)学员知识能力准备

具有初步机械零件识图能力;了解金属材料性能及零件测量方法。

六、考核方案

考核类别	考试	评定办法	百分制
1. 形成性考核(占总成绩比例:30%)			
序号	学习情境	考核形式	占总成绩比例
1	钣金工艺	实操考核	30%
2. 终结性考核(占总成绩比例:70%)			
考核形式	实操考核	试题来源	专家命题
考核范围	钣金工艺	考核重点	手工成形

七、实施建议

（一）教材编选与使用建议

1. 基本教材

名称	编者	出版社	出版年月
钣金工	总参兵种部	解放军出版社	1997.08

2. 辅助教材及参考资料

名称	编者	出版社	出版年月
钣金工入门	周宇辉	安徽科学技术出版社	2013.05

（二）课程资源开发与利用建议

1. 教学场地与设施设备。钣金车间、专业教室、剪板机、弯板机、切割机、点焊机、木锤、投影仪、画图工具。

2. 网络教学平台开发。钣金展开素材库、3D模型库、网络课程、MOOC课程、微课程。

（三）评价建议

对于钣金工课程建设质量的评价，应从以下四个方面开展。

1. 课程设计。本课程应紧紧围绕学员岗位任职能力需求，以"打牢基础，注重能力"为总体思路，以恢复战损装备战斗性能所需要的钣金修理技能为主线，构建教学内容和设计教学思路。针对钣金工任职岗位业务能力需求，达到掌握手工钣金常用设备及工具的使用方法，熟悉钣金零件的展开、下料、手工成形、铆接、弯曲与矫正、锡焊等基本操作方法，初步具备简单钣金零件的加工能力的目标。

2. 教学实施。理论教学应主要针对钣金工具设备的操作与使用、钣金件展开方法等相关知识内容进行讲解；实践教学主要应针对钣金手工成形开展，夯实岗位任职能力基础。

3. 配套建设。要针对钣金工教学特点，完善钣金工工具设备等相关配套教学设施。

4. 教学效果。应通过形成性考核、终结性考核来验收教学效果。

八、有关问题说明

（一）与其他课程联系

前导课程：机械制图、材料与测量、钳工基础。

（二）课程标准编制说明

本课程以保证基础，加强应用，服务部队、注重能力原则设置教学内容，组织教学。强化实践教学,内容上增加了综合实践内容,更加突出了对学员知识应用能力和实践操作技能的培养。

（三）课程实施要求

授课教员应具有本科以上学历、具有2年以上钣金教学实际工作经验。4节课连排,单班授课。

（四）课程建设指导委员会

（五）课程标准主要编写人

第四部分　教材讲义编写要求

一、编写目的

以人才培养方案为依据,按照模块化原则建设符合培训对象岗位需求的装备保障教材,满足课程教学要求,兼具技术手册、参考资料等功能。

教材是装备保障教学和考核的根本,是培训对象进行学习的主要指导书。通过学习教材,了解装备保障及其相关领域的新理论、新知识;掌握装备的构造、原理、使用、维修、管理等知识和技能,不断提高自身的业务水平和综合素质,更好地完成岗位任务。

二、教材分类

教材可按培训对象划分构造原理、检测维修、使用维护三种类型;也可按部组件划分,如火控计算机构造与维修、炮长瞄准镜构造与维修等。

三、编写原则

教材编写应遵循以下原则。

（一）科学性原则,是指教材的内容准确可靠,理论性强,对各种资料去粗取精、由表及里,从感性向理性升华。

（二）先进性原则,是指教材要反映当代最先进的科学思想和最新的科研成果,适应现代科技发展水平。

（三）系统性原则,是指系统地、循序渐进地介绍本专业知识,突出主线和重点,各章节之间的内容相互衔接,前后连贯,避免重复和脱节,从已知到未知,由简到繁,由浅入深,由易到难,逐步深化。

（四）实用性原则,是指教材所阐述的理论要结合陆军合成部队的装备运用管理保障实际情况,通过对实际问题的分析,阐明基本概念;通过有关案例,分析理论意义、应用条件和操作方法;通过联系实际,进行实操技能的基本训练。

（五）少而精的原则,是指教材内容要精选,在"精"字上下功夫,以"精"求质量。内容选取不要贪多求全,要保证重点,对必须掌握的基本理论、基础知识、基本技能应深讲、讲透。

(六)模块化原则,装备专业教材按模块编写,对模块进行"积木式"组合,能够满足跟产培训、深化培训、接装培训、跟修培训等不同培训班次"订单式"教学需求,提高教材建设效益。

以上编写原则不是孤立的,是相互联系、相互依存的,在教材编写过程中只有坚持上述原则,才能保证教材的编写质量。

四、内容要求

(一)教材内容应符合党的路线、方针、政策、国家法规和军队的战略方针、条令条例,具有密级的教材应符合保密规定。

(二) 教材内容应符合课程教学要求,与课程教学大纲的内容相一致,满足教学需要和培训对象的知识需求。

(三)教材应及时吸纳本专业保障研究的新成果,较以往教材或其他同类教材力求有所突破和创新,内容深度应与培训对象的文化水平、接受能力相适应。

(四)教材的基本概念、基本理论、基本方法的表述要准确、清楚、全面,逻辑严谨,语言通顺、简明。

(五)针对装备分系统的专业教材应按系统部组件或代别进行"模块化"分割,以概况功能、构造原理、运用维护、检测维修为主线进行编写。其中,运用维护包含操作步骤、维护规章制度、方法等;检测维修包含检测设备、检测方法、维修方法,组训科目、要求等内容。

五、字数

教材以服务教学为主体,兼有技术手册、作业指南等辅助功能,以装备概况功能、结构原理、运用维护、检测维修内容全面完整和文字精炼、图表清晰为基准要求,字数不限。

六、教材开本

原则上20万字以下用大32开本,20万字以上用16开本。

七、交稿要求

书稿统一使用 Word 2003、PDF 等软件编辑,轮训教材印刷出版书稿交稿时,应做到齐、清、定,即文稿和图稿、正文和辅文一次交齐,文稿和图稿清晰,书稿从内容到形式都已改定,无遗留问题,各方面要求符合本规范。交送的文档包括光盘1份、打印稿1份。

第四篇　教学(训练)组织与实施

第一部分　教学组织机构

为保证教学训练工作规范、有序运行,应依据有关规定和本单位实际设立相应的组织机构,负责专项工作的组织实施。

第一条　人才培训中心。

该中心由各军工集团公司相关领导、业务机关,装备承制单位相关领导、军事代表室总代表等组成。负责完善人才培训工作运行机制,协调、监督相关承制单位人才培训工作等。

第二条　人才培训办公室。

该办公室由驻装备承制单位军事代表室代表、装备承制单位相关领导和培训管理人员组成,落实年度培训任务计划,加强培训管理,规范培训秩序,全面掌握训练情况,协调教学工作,及时处置教学训练中出现的问题,认真填写《教学值班日志》。

第三条　训练考核领导小组。

该组由驻装备承制单位军事代表室总代表任组长,成员由驻装备承制单位军事代表室代表、装备承制单位相关领导、培训管理人员和有关教员组成。负责教员、助教的业务考核和学员考核的领导、组织和检查工作。

第四条　训练安全领导小组。

该组由装备承制单位相关领导任组长,成员由驻装备承制单位军事代表室代表、培训管理人员、有关教员和学员队有关人员组成。负责督促检查训练安全制度和操作规程的落实,确保训练安全。

第二部分 教学计划与实施细则

第一章 人才培养方案

第一条 概述。

人才培养方案是培养人才的总体设计蓝图,是装备承制单位组织教学活动、实施教学管理的主要依据,是装备承制单位贯彻教育思想和教育理念的集中体现,是装备承制单位教学理念、教学思想的具体体现。

第二条 指导思想。

人才培养方案坚持"以服务为宗旨、以岗位为牵引,以能力为本位"的任职教育理念和"面向部队、服务战场、紧贴装备、突出技能"的基本要求,遵循军事训练与职业教育基本规律,依据《陆军军事训练与考核大纲》,按照不同培训类型学员的岗位任职与发展需要,突出"使用、维修、管理"一体化综合培养特色,科学设计人才培养路径,严格遵照军队院校专业规范,培养满足部队建设需要的装备技术保障人才。

第三条 基本原则。

人才培养方案要整体设计、抓住重点,紧密跟踪装备保障建设和专业发展形势,突出装备承制单位教育的改革创新;要准确定位、突出特色,坚持人才培养的正确方向,体现各种培训方式的特点规律和教学训练方式方法的灵活多样。

第四条 工作流程。

增设新专业或人才培养方案经过 1~2 个运行周期后,可根据形势需要展开制修订工作。由装备承制单位根据军委机关文件精神提出制修订基本意见和原则,并组织论证、拟制,经装备承制单位专家组审核、部队征求意见等环节后,报装备承制单位领导审议通过,并报上级主管部门备案。

第五条 基本内容。

人才培养方案的基本内容包括:人才培养目标模型、招生对象、学制与时间分配、课程设置与教学进程、主干课程简介、教育训练计划、考核评价及实施办法、结业说明等。

第六条 权责。

人才培养方案由装备承制单位负责印制下发和监督执行。教学组织过程中,必须严格执行人才培养方案,维护其严肃性和稳定性,任何人、任何单位不得随意变动。确有必要作局部调整时,应严格按照规定程序,报主管装备承制单位领导机关批准后实施。

第二章 课程实施计划

第七条 概述。

课程实施计划是对课程的总体设计和科学规范,是指导课程教学、加强课程建设的重要文件,是选编教材、编写教案、组织教学、实施评价的基本依据。

第八条 指导思想。

课程实施计划要符合人才培养方案目标要求,体现本课程在人才培养过程中的地位作用。既要保证课程的完整性、系统性、科学性,又要注重新技术、新理论、新知识在课程中的丰富完善;要坚持以学为主,坚持知识、能力、素质融为一体。

第九条 基本原则。

课程实施计划是课程教学所要达到的基本标准,应与军委机关对课程教学基本要求或有关规定保持一致。课程实施计划应按照统一的格式和要求编制,要做到目的明确、内容完整、重点突出、文字简练、格式规范,使教员和学员都能正确理解和掌握其含义及要求。

第十条 工作流程。

增设新课程或人才培养方案调整后,可根据形势需要展开制修订工作。由装备承制单位根据军委机关文件精神提出制修订基本意见和原则,并组织论证、拟制,经装备承制单位专家组审核、部队征求意见等环节后,报装备承制单位领导审核批准。凡列入人才培养方案的必修课、选修课、自修课均应制定课程实施计划,适用于不同教学对象的同一门课程,应制定不同的课程实施计划。课程实施计划应发至承担课程教学任务的教学管理单位。

第十一条 基本内容。

课程实施计划的主体是内容标准、表现标准和实现标准,即教与学的基本内容、教与学的基本目标和教与学的基本手段。主要内容包括课程概述、课程目标、内容方法与标准、考核方案、实施条件和有关问题说明等。课程概述主要阐述课程的总体情况、地位、设计思路;课程目标主要阐述教学总体目标、知识标准和能力标准;课程内容方法与标准主要阐述课程基本内容、方法和标准;课程实施条件主要明确预修课程、教材选编及使用建议、课程资源开发与利用建议和教学保障条件建议等。

第十二条 权责。

课程实施计划应保持相对稳定,当修订人才培养方案或改革课程内容时,要按照规定程序及时组织修订工作。课程实施计划一经批准必须严格执行,任课教员必须严格依据课程实施计划进行备课施教。

第三部分 教学组织与实施细则

第一章 教学计划

教学计划是组织实施教学工作的起始环节,制定教学计划必须按照上级指示精神、人才培养方案和有关规定进行,要遵循教学规律。坚持由浅入深、循序渐进、突出重点、统筹兼顾、科学配当、提高效能的原则。教学计划具有科学性、稳定性和权威性,一经制定、审批、下达的教学计划必须严格执行。在实施过程中,因特殊情况需要调整时,须经装备承制单位领导批准后,方可调整实施。

第一节 年度教学计划

第一条 年度教学计划是组织、准备、实施教学的具体依据。

第二条 年度教学计划主要明确各专业的教学内容和进度、时间配当、主要保障措施。

第三条 年度教学计划由装备承制单位根据人才培养方案和上级下达任务,结合装备承制单位实际,会同有关部门研究拟定初步方案,经装备承制单位领导审批后,于开训前25天下发至执行单位。

第二节 月(阶段)教学计划

第四条 月(阶段)教学计划根据年度教学计划制定,是教学工作运行的关键环节,是组织实施教学准备工作的依据。

第五条 月(阶段)教学计划主要明确教学内容、时间、地点、教员及主要保障措施等。

第六条 月(阶段)教学计划由装备承制单位培训机构结合本单位实际,拟制初步方案,经相关领导审批后,上报装备承制单位备案,并于每月25日前发至执行单位。

第三节 周教学计划

第七条 周教学计划由装备承制单位培训机构根据月(阶段)教学计划拟制,经装备承制单位培训机构领导审批后,于每周五前下发至执行单位,并报装备承制单位备案。

第八条 周教学计划主要明确受训单位、教学内容、时间、任课教员、训练场地、器材物资、装备等有关保障。

第九条 周教学计划是教学实施的主要依据。该计划一经制定,必须严格执行,遇有特殊情况需要调整时,必须经相关领导批准,并报装备承制单位备案。

第十条 周教学计划中必须包含值班领导、值班分队和早操计划等相关要素。

第四节 教学专项计划

第十一条 教学专项计划主要包括重大课目的教学实施计划、教学保障计划及其他教学训练活动计划。

第十二条 教学专项计划由人才培训中心或办公室负责制定。

第二章 教学准备

第十三条 教学准备应当依据教学计划,结合教学内容和教学对象的特点开展。

第十四条 装备承制单位负责教学准备工作的筹划、部署、组织、检查、督促,及时了解、报告、通报有关情况,协调解决有关问题。

第十五条 培训机构负责教学准备的组织实施,根据教学计划明确教学准备的具体内容、标准和要求,组织教员备课、试(示)教,检查督促教员进行准备,协调学员队和保障单位完成教学准备工作。

第十六条 驻承制单位军事代表室配合做好教学准备工作。保障单位按照教学计划做好装备、器材和设施(设备)的准备。

第十七条 教员应当根据教学计划进行课业准备。熟悉教学内容和有关训练法规,编写教案(作业指导法),了解教学对象,组织、指导保障单位做好场地、器材、设施(设备)、装备等准备工作。

第十八条 凡属教员首次任教的课目、新开设的课目、内容有变动的课目或者重点难点课目,必须组织试教。重点难点课目,培训机构可结合试教组织教学法研究或者集体备课。

第三章 教学实施

教学实施应当按照下达课目、讲解示范、分组练习、考核验收、小结讲评的步骤进行。课业结束后,教员应当及时填写教学日志。

第一节 理论教学实施程序

理论教学通常采取集中授课的形式,按照理论讲授、观看课件、组织讨论、答疑解难的步骤实施。

第十九条 课前准备。

教员根据课目内容提前做好准备工作,并应提前 5 分钟进入教室。学员应提前 10 分钟整队带入教室,依次入座,并按规定摆放好物品。

第二十条 上课。

上课信号发出后,值班员整队向教员报告(每天上午第一节课),递交《教学日志》。如有装备承制单位领导到课时,教员应向最高领导报告,并按领导指示组织授课。教员可视情况检查学员到课情况,然后开始上课。学员回答问题时应起立,并有"回答完毕"的结束语,出入座位回答问题时要用齐步走。迟到者进入教室时,应报告说明原因,经教员允许后方可入座。有问题时,应举手报告。

第二十一条 课间休息。

教员下达"下课"口令,学员起立后依次走出教室活动。教学场所如有贵重精密物品应留人看管。上课信号发出后,教员和学员应立即进入位置上课。

第二十二条 课终。

课终环节教员应进行小结讲评,布置作业,填写《教学日志》。下课时,由值班员整队报告,根据教员下课口令执行。下课后学员队值班员应指定人员清整教室。

第二节　技能练习实施程序

技能练习通常采取集体或者分组训练的形式,按照讲解要领、示范动作、分步练习、连贯练习的步骤组织实施。

第二十三条 课前准备。

教员指导助教和部分学员进行车辆和器材准备,达到练习要求。教员和学员均提前 10 分钟到达场地。

第二十四条 课题实施。

值班员按理论课程序向教员报告,教员下达课目,尔后由教员组织助教进行示范作业。示范后,学员和助教按划分场地带到各教练地进行课题内容的训练。训练中,教员、助教、学员队干部、骨干要严密组织。

第二十五条 检查验收。

训练中的检查验收由助教组织实施,当日训练验收由教员组织,在最后一学时进行。

第二十六条 课终。

一般由教员提前 30 分钟明确实习结束。学员按助教分工保养装备、恢复器材、清点工具、整理场地;教员收集整理实习情况。收尾工作完毕,值班员整队向教员报告,由教员进行讲评,而后值班员将学员带回。

第三节　实车、实弹训练实施程序

实车、实弹训练应当坚持突出重点、精讲多练原则,按照先基础后应用的步骤进行。

第二十七条　课前准备。

教员根据训练内容、标准及作业指导文件要求,指导有关单位和人员做好一切准备工作,人员、车辆、器材按规定时间到达指定位置。

第二十八条　课题实施。

按野外实施程序向教员报告,教员下达课目后,根据训练内容,视情况组织示范训练或集团作业。学员、助教分组后按划分的教练地就位。学员队干部、骨干要协助教员组织好各教练地的工作。

第二十九条　检查验收。

训练中,教员要及时了解学员的训练情况,并根据训练重点内容和人员适时跟车观察指导,及时发现问题、解决问题。当日训练结束前,教员在助教的协助下统一组织验收(实弹射击一般不验收)。

第三十条　课终。

一般提前30分钟由教员明确实习结束。学员按助教分工保养车辆、器材、清点工具、整理场地;教员收集整理实习情况。收尾工作完毕,值班员整队向教员报告,教员进行讲评,而后由学员队值班员将学员带回。

第四部分　培训机构教学组织与管理规定

第一章　总　则

第一条　培训机构是组织教学的基本单位,主要任务是围绕落实装备技术保障人才培养方案,组织教学训练、开展教学研究、实施教员培养和业务管理。

第二条　加强对教学工作的组织领导,及时发现并研究解决教学中存在的问题。

第三条　严格落实各级教学管理制度,加强教员业务能力培养。

第四条　加强教风和学风建设。

第二章　教学建设

第五条　依据人才培养方案,拟制课程实施计划。

第六条 制定教材建设计划,组织教材(讲义)编写。

第七条 组织开展教学方法研究、教学手段开发及配套建设。

第八条 完成试题库、试卷库建设并定期更新。

第九条 制定实验室、专修室、教学设备(设施)、场地和信息资源建设方案,完成相关建设任务。

第十条 开展培训机构教学档案建设。

第三章 教学过程管理

第十一条 合理分配教学力量,落实教学任务,填报《教学任务书》。

第十二条 根据课程表,组织教员明确教学任务,制定工作计划及月份保障需求计划。

第十三条 组织教员备课、编写教案和课业实施,并于开课前半个月完成任课教员教学准备的考核验收。

第十四条 开课前组织相关学员队(教学班)进行课前动员,传达课程标准和课程教学实施计划,明确教学要求,了解学员情况。

第十五条 组织教员严格按照课程标准和课程教学实施计划实施教学;督促任课教员及时批改作业并辅导答疑。

第十六条 组织指导学员开展贴近部队任职岗位的创新实践活动和学习方法研究,提高学习效果。

第十七条 培训机构领导必须深入教学一线,坚持听、查课,及时将各级领导和督导专家听、查课意见反馈至任课教员,督促整改。

第十八条 组织学员课程考核。

第十九条 督促教员授课结束后一周内完成课程教学总结,审查后存档,教学改革和重大教学训练科目总结应报装备承制单位备案。结合半年和年终工作总结,以书面形式向装备承制单位报告教学任务完成情况以及教员备课、试讲、授课、考核、评估等情况。

第二十条 定期对任课教员的教学准备、教学实施和教学效果进行评价。

第四章 教学研究

第二十一条 组织教员参加各级学术会议和学术活动,活跃学术氛围,调动广大教员开展教学研究的积极性。

第二十二条 积极与军地相关专业建立学术交流合作关系,实现资源共享,优势互补。

第二十三条 鼓励教员积极撰写学术论文,开展教学与改革课题研究。

第五章 教员业务管理

第二十四条 根据教学需要,提出教员业务学习、攻读学位、外出进修、部队代职锻炼、外聘教员的需求建议。

第二十五条 组织教员开展岗位练兵、观摩教学、示范教学、教学法研究和经验交流等活动,提高教员的教学水平与专业技能。

第二十六条 组织教员参加教学基本功、优质课竞赛和优秀教员评选等活动;建立教员业务档案,根据教员的业务水平和工作业绩,推荐各种教学奖励人选。

第五部分 学员队教学组织与管理规定

第一章 总 则

第一条 学员队是学员管理基层单位,教学组织与日常管理是学员队的中心工作。

第二条 学员队要建立良好的教学秩序,营造良好的育人环境,培养学员综合素质,教育学员养成良好的学风和考风,不断提高人才培养质量。

第三条 学员队要引导学员明确学习目的、端正学习态度,培养良好的学习作风;深入教学现场了解教学情况,反馈教学信息,引导学员改进学习方法,协助教员组织教学;落实教学管理制度和学籍管理规定;协助做好教学保障等。

第二章 教学组织

第四条 教学准备。

(一)熟悉人才培养目标、人才培养方案和课程实施计划;组织学员熟悉教学场所,明确教学任务要求。

(二)新学员开课前,组织学习人才培养方案,明确培养目标、要求和学习任务。

(三)开课前领取发放教材、文具用品及其他物资器材。

(四)按照教学计划安排,了解选修课内容及要求,组织学员选课。

第五条 教学实施。

(一)每日课前查看课表,按教员要求向学员明确课程实施的时间、地点、所携带学习用具和有关要求,做好上课准备。

(二)通过跟班听课及学员反映,掌握各课程教学实施情况,及时发现、解决和反馈教学中存在的问题;了解每名学员的学习情况,开展针对性引导教育工作。

（三）指导学员进行课前预习和课后复习，帮助学员改进学习方法，提高学习质量；适时对学员的作业和笔记情况进行检查和讲评，及时纠正其中存在的问题。

（四）对教学活动进行记录，对迟到、早退等课堂秩序情况等进行登记。

（五）组织学员自习（含晚自习），严格自习管理。

（六）不得以任何理由干扰、影响教学活动，自习时间（含晚自习）安排非教学活动必须经装备承制单位审查批准。

（七）配合组训教员做好工厂实习的组织管理工作。

（八）组织学习方法和经验交流，激发学员的学习兴趣，提高学员的学习效率和成绩。

第六条 教学考核。

进行考前动员和考风考纪教育，提醒学员携带学员证、准考证等相关证件；组织学员入场，协助教员做好考前准备；考试开始后，必须离开考场。

第七条 教学总结。

（一）阶段总结。每阶段末，对学员队教学工作进行总结，对每个学员的思想、作风、学习和身体状况做出全面、准确的评价。毕业班学员队要对毕业学员在装备承制单位学习情况做出统计和总结。

（二）重大教学活动总结。在重大教学活动结束后，对活动情况进行分析，总结经验，查找不足，向上级领导和机关提出改进措施建议。

第三章　质量管理

第八条 教学检查。

（一）学员队干部每天至少保持一人跟班听课，及时采集教学信息，发现教学中倾向性问题，加强针对性教育和管理；听课时应在上课前进入教室，遵守课堂纪律，上课中间不得进出教室；课业实施中必须听从教员的统一指挥，不得干扰和妨碍教员组织教学活动；检查督促学员骨干填写《课业日志》。

（二）加强与教员的沟通联系，及时反映教员授课情况，讲评学员学习中存在的问题，认真填写记录。

（三）随时对学员的自习情况进行检查、监督和讲评。

第九条 评教评学。

（一）适时组织学员座谈会，积极参加各级组织的评教评学，与培训机构和任课教员保持密切联系，听取和沟通教学双方的意见及要求。

（二）每周组织学员讲评学习情况，肯定成绩，指出不足，提出改进要求，做好各课程、各个教学环节之间的衔接和协调工作。

（三）每月组织学员骨干召开教学形势分析会议，总结交流经验，查找存在问题，研究解决措施。

（四）按照学员评教指标要求，组织学员对课程教学全过程进行回顾，教育学员本着"客观、全面、负责"的态度参加评教。

（五）根据装备承制单位相关专项奖励办法，推荐各项奖励参评人员。

第十条 学籍管理。

（一）开学后，协助装备承制单位完成学员学籍注册工作。

（二）新学员入学一个月内，建立学员学籍档案，按照《学籍注册数据信息表》规定的内容组织学员填写有关文档材料。

（三）依据学员课程考核成绩和装备承制单位补考计划，组织学员考前辅导；落实补考计划，组织学员参加各类课程补考。

（四）每学期末进行学员学习成绩统计登录。

（五）在学员毕业时，协助装备承制单位完成学员毕业资格和专业技术等级资格的审核；完成学员学籍档案的填写和整理工作。

第四章　学风建设

第十一条 对学员进行条令、条例和有关规章制度的教育，严格落实一日生活制度，使学员养成良好的军人举止和自觉遵守纪律的良好习惯，建立良好的学习、生活秩序。

第十二条 准确把握学员各阶段思想状态，充分发挥日常思想政治教育的引导与保证作用，及时指导教育学员调整心态，做好心理疏导，确保教学工作顺利完成。

第十三条 组织学员进行考风考纪经常性教育，防止和杜绝考核违纪情况，强化学员自主学习意识，使学员树立良好的学风。

第五章　教学正规化建设

第十四条 根据教学进度，在学员每完成一项重要教学课目及学员毕业时，视情况组织学员办理各种移交手续，按有关规定认真做好训练器材、教学用具、营具及贵重物品的移交工作。

第十五条 对上级教学文件、通知、人才培养方案、课程实施计划、课程表、课程成绩、学籍档案等，以及本单位德育考评成绩、教学工作计划、工作总结、教学分析、教学情况统计、会议记录、日常检查记录等教学档案进行科学分类和保管；填写学员队教学管理记录本，健全学员队的教学档案，做好教学档案的建设与管理工作。

第五篇 教学(训练)管理与考核

第一部分 教学督导工作实施办法

教学督导组是对装备承制单位教学工作、教学研究、教学改革、教学秩序、教学质量、教学管理进行检查、督促、评价及指导的工作组织。为充分发挥教学督导职能作用，建立以信息收集、分析、处理、反馈为主线的教学督导运行机制，实现从关注教员个体的授课质量向关注培训机构和学员队的教学管理和质量把关效果转变，从考核评价课堂教学向示范推广典型教学方法转变，特制定本办法。

第一章 督导运行

第一条 听、查课。

督导组听、查课采取按计划听、查和随机听、查相结合的方式进行。

办公室每周根据教学计划(课程表)和各单位说课、试讲计划制订督导组听、查课计划，并于每周五下午将下周听、查课计划发至督导组成员。督导组对各类课、各门课进行听、查或对授课质量一般的教员和授课质量优秀的教员进行跟踪听查；每学期听查每名承担授课任务教员课堂授课至少1次，除听、查课计划外，督导组根据实际情况，每周至少自行选择1名听、查课对象，每名督导专家每周至少听、查课3次以上。

(一)说课、试讲。由督导组对说课、试讲教员进行指导把关。说课主要关注教员课程设计、课堂教学设计是否合理，教学思路是否清晰，教学内容和教学方法手段是否符合教学对象特点，组织实施方法是否适当，学情分析是否透彻。试讲分为三种形式，其中验收性试讲要关注培训机构的组织环节是否正规、有序，给予验收对象的评价结论是否合理；研究性试讲要关注其主题是否明确，组织实施的方法程序是否合理，研究氛围是否浓厚，对进一步提高教员整体授课质量效果是否明显；示范性试讲要关注示范教员的选题是否具有代表性，主题是否突出，培训机构组织是否规范，是否具有推广价值。

(二)课堂授课。培训机构整体授课质量方面：在集中听查某个培训机构教员授课期间，要重点关注课程实施计划是否合理，教材、教学条件、教员队伍建设情况,课程设计是否合理,教学内容是否合适,整体教学效果和培训机构相关教学改革成果在教学中的推广应用情况等。教员个体授课质量方面:要关注课堂教学设计,专业课是否以岗位任职需求为导向,是否体现了军士职业技术教育和任职教育特点,教学态度是否严谨,课前准备是否充分,教学内容是否符合教学对象特点,是否符合部队训练和装备发展实际,教学方法手段应用是否得当,教学组织是否严密,课堂管理是否严格以及驾驭课堂能力情况。

第二条 教学管理。

教学管理采取日常检查(结合听、查课工作)和学期集中检查的方式。

(一)日常检查。检查培训机构教学计划和说课、试讲计划落实及组织情况;检查队干部跟班、跟课和职能发挥情况;检查学员课前准备(包括教材、个人笔记等)、课堂纪律、学习精神状态以及笔记记录情况、学习效果、学习方法;检查教学基础设施、教学场所、实验器材、设备器材、工具、仪器、动用装备、保障人员情况是否满足教学需求,实验器材、设备器材、工具、仪器的先进性、可靠性、完好率。

(二)集中检查。每学期机关将组织督导组对培训机构和学员队教学工作落实情况进行检查,机关要提前一周制订计划,重点检查教学档案建设情况、管理情况、各类登记统计情况和学员队第二课堂活动情况。

第三条 教学评比。

参与装备承制单位组织的教学评比、评价、评审工作。

第四条 教学研究。

采取专项培训、内部讲座、专题研究的方式。

学习研究督导工作的方式方法、先进的教学理念、教学方法手段等,分析研究装备承制单位当前的教学形势,提出改进的意见建议,明确下步工作重点和整改措施。

第二章 信息反馈

第五条 现场反馈。

听、查课后,督导组应当场与授课教员进行交流,并针对存在的问题和不足提出改进的意见建议,发现的教学保障和学员学习问题应于当日反馈至培训机构,由培训机构会同其他业务科(学员队)协调解决。教学工作检查过程中,应当场针对存在的问题与培训机构或学员队进行沟通,提出整改的意见建议,并将相关情况及意见建议反馈培训机构。

第六条 集中反馈。

采取周反馈、月反馈和学期反馈的方式。

（一）周反馈。每周五各督导小组将本周听、查课情况,学员学习情况,教学管理情况,教学保障情况形成文字材料报送至培训机构。每名教员的课堂授课质量考核成绩以分值形式体现,对授课质量不合格的教员要实施持续跟踪指导并报机关;听、查课中发现的授课质量较高的教员,要择优推荐参加装备承制单位教学示范活动,并予以跟踪指导。听、查课中发现的共性问题、涉及专业建设、课程实施计划、教材和授课质量不合格的教员等问题时,要及时与培训机构沟通,提出改进的意见建议,并于当日报培训机构,机关将组织督导组相关成员会同相关培训机构共同研究,进行整改,并跟进检查指导。教学检查中,发现的共性问题及改进的意见建议要于当日报培训机构,机关将进一步督促其整改,并组织督导组成员跟进检查指导。

（二）月反馈。每月25日前,各督导小组就听、查课情况与培训机构进行对接,通报听、查课情况,并提出改进的意见建议;各小组向机关提交教学形势分析报告,总结梳理好的做法、经验及问题,并提出针对性的意见建议,明确下步工作重点,办公室将结合相关会议进行讲评。

（三）学期反馈。每学期结束前,由机关组织召开学期督导工作例会,对装备承制单位半年教学情况进行全面总结,分析研究教学形势,总结推广教学经验,提出教学改革和教学建设的意见和建议,集体研究明确下学期督导工作的重点。每年各督导专家向机关提交督导总结,总结梳理一年的督导工作,分析教学形势,并对下一步工作提出意见和建议。

第七条 每学期对各组任务分工进行交叉更换。

第三章　相关要求

第八条 督导听、查课计划保密,督导在听、查课期间要佩戴督导标识胸牌。

第九条 督导在检查过程中必须坚持客观、公正的原则,确实站在为装备承制单位负责的角度,敢于直言、勇于直言。

第十条 督导要妥善处理教学和督导的关系,确保督导工作的有序进行。

第十一条 督导要不断加强对教育理论的学习,积极开展教学研究,确保督导工作的正确方向。

第十二条 督导组和每名督导专家要落实好信息反馈制度。

第二部分　排课与调(停)课管理规定

为科学合理地组织调度各项教学工作,加强教学运行管理,维护正常教学秩序,提高教育教学质量,根据教学管理的实际情况,制定本办法。

第一章　教学任务管理

第一条　教学任务是指每学期的课程教学任务,包括理论课程、实验课程、车间实习、实装实习等教学环节。

第二条　装备承制单位于开学前3个月根据各专业人才培养方案向培训机构下达下一学期的教学任务书。

第三条　各培训机构根据机关下发的教学任务书,落实相关要求,提出教学条件(教室、装备、器材等)需求,于开学前2.5个月填写教学任务书并报送装备承制单位审定。

第四条　装备承制单位办公室根据培训机构报送的教学任务书,于开学前2个月开始排课,并于开学前1.5个月完成课程表征求意见稿,发往培训机构进行微调,开学前1个月由各培训机构将调整意见上报装备承制单位,再由装备承制单位统一协调,于开学前1个月形成装备承制单位课程总课表,经装备承制单位主管领导审定后印发执行。

第五条　在安排教学任务时,任课教员不得指定具体上课时间,对教学场地、时间等有特殊需求的需事先说明。教学任务书一旦确定,个人不得以任何理由要求修改。

第六条　为保证教学质量,任新课教员必须经过试讲或说课,试讲或说课由培训机构组织实施,于开学前2个月开始,试讲不合格者不得承担该门课程教学任务。

第七条　教学任务安排原则上实行归口管理,选修课、讲座课由各培训机构自行安排,报装备承制单位批准后制定相应计划执行。

第二章　课表编排管理

第八条　课表编排是教学运行管理的重要环节。课表编排应严格遵循教学规律,并充分考虑学员的身心健康、知识结构以及接受能力,合理组织教学,优化配置和使用教学资源,在保证教学工作正常运行的前提下,实现课表编排的科学性和合理性。

第九条　课表编排遵循以下原则。

(一)合班课程优先于小班课程安排,实践课程优先于理论课程安排,车场课程优先于车间课程安排,主干课程优先于普通课程安排。

(二)凡有条件的课程均直接安排在实验室(含机房)、专业教室、车间进行授课,实施理论实践一体化教学,实现"教、学、练、考"合一。

(三)以2学时为基本时间单位进行排课。

第十条 教员教学任务安排遵循以下原则。

（一）每位教员每日授课量以2~4学时为宜,师资力量短缺的专业原则上不超过6学时。

（二）无特殊情况,不安排教员连续多日授课,不安排教员连续1~2节授课。

第十一条 关于排课的其他规定。

（一）周一至周五为正常授课时间,周五下午、周六、周日原则上不安排教学活动(讲座及因教学资源紧张情况所致除外),各培训机构或教员因其他原因申请在周五下午、周六和周日排课,需经装备承制单位审核并批准。

（二）学习要求相同以及考试要求相同的理论课程可以安排合班教学,层次不同的班级不能合班教学。

（三）各教学班(合班)相对固定自习教室。

第十二条 严格执行课表,保证教学秩序稳定。

（一）正式课表于开学前1个月完成,装备承制单位将核定后的课表下发至培训机构、学员队及教学保障单位。

（二）课表一经确定,应保持相对稳定。运行中必须严格执行,未经审批,任何部门和个人不得擅自更改上课时间、地点或更换主讲教员,不得以任何非正当理由停课,不得任意占用学员自习、文体活动等时间。

（三）为稳定教学秩序,课表自下达之日起,至正式开学第1周内不予调课。开学第2周起至第4周为装备承制单位课表的运行审定时间,各培训机构可根据开学的新情况和实际运行情况,报批后可进行相应的个别调整。

（四）相关任课教员填写《调(停)课申请表》报培训机构领导审批后,报至装备承制单位进行审批备案方能进行调整。

第三章　调(停)课管理

第十三条 调课是指因故改变上课时间、地点、临时更换任课教员和班级等涉及课表任何一项信息的确定性变更;停课是指任课教员所担任的某门课程因故不能在规定的时间内授课,而需要安排在其他时间补课或取消授课的行为。

第十四条 调课率是衡量教学秩序稳定以及管理水平的重要指标之一。装备承制单位调课率(装备承制单位调课学时数总和/装备承制单位教学学时数总和)作为对装备承制单位教学秩序考核的重要指标;教员调课率(教员调课学时数/教员教学学时数总和)作为对教员教学质量考核的重要指标。调(停)课管理遵循最大限度减少数量的原则,严格控制,以保证教学有序运行。

第十五条 装备承制单位对培训机构实行调课总量控制。根据装备承制单位课程性质及每学期课程总学时,原则上各培训机构调课率不能超过10%,任课教员的调课率不能超过5%,超过允许调课率时,原则上不得调(停)课。

第十六条　任课教员每学期每门课调(停)课次数原则上不得超过2次,因特殊原因一门课程有2周以上不能按课表上课,其所在培训机构应及时安排相应职称的教员代课或更换任课教员,并报装备承制单位审批备案。

第十七条　调(停)课必须按规定办理手续,获批准后方能执行,任课教员不能擅自调(停)课。

第十八条　凡属于下列情况之一者,可按规定办理调(停)课手续。

(一)在执行课程表过程中,发现排课有不当之处,需及时进行调整。

(二)因课程内容、教室条件和教员授课需求等原因,需要改变授课地点。

(三)学员必须占用上课时间参加装备承制单位活动。

(四)任课教员参加教学科研活动以及因公出差或参加会议。

(五)教员因身体状况或其他特殊原因不能正常上课的。

(六)教员工作岗位变动。

(七)教员经批准参加进修培训活动。

第十九条　凡属于下列情况之一者,原则上不得调(停)课。

(一)每学期开学第1周和新生开课第1周的课程。

(二)临时提出当天需要调换课程者(突发事件例外)。

(三)教员自行兼任外单位授课任务而影响教学的。

(四)参加一般性竞赛活动、游览活动和参观访问活动,培训机构安排的会议、活动等。

(五)实装课程与合班课程。

(六)大规模讲座课程。

(七)法定节假日前、后一天的课程。

第二十条　调(停)课手续办理。

(一)申请人(任课教员或相关责任人)填写《调(停)课申请表》,经所在培训机构领导签字同意报装备承制单位批准方可办理调(停)课。

(二)申请调(停)课时须报送一式二份申请表,由培训机构、装备承制单位各存一份。

(三)调(停)课2天以内的(含2天),由培训机构领导批准,调(停)课2天以上2周以内的,由装备承制单位领导批准。调(停)课超过课程总学时30%的培训机构应考虑更换教员。

第二十一条　办理调(停)课要求。

(一)符合第十八条第四款的,办理时必须提供证明材料,出差需在调(停)课申请表注明事由、地点和时间,参加会议需提供有主管领导批示的会议通知复印件。

(二)符合第十八条第五、六款的,原则上需附带医院相关证明或病历复印件。如无法提前办理,需向任课教员所在培训机构领导请假,并由培训机构领导向装备承制单位说明情况,并及时办理调(停)课手续。

(三)符合第十八条第七款的,需按照相关规定办理手续。

第二十二条　调(停)课手续原则上要求由任课教员本人提前2个工作日办理。因突发事件而不能亲自办理手续者,应采取电话或委托他人等方式先向教员所在培训机构请假,并提前通知教学班级,事后应由本人及时补办调(停)课手续。

第二十三条　装备承制单位重大活动,必须占用上课时间的,须由主办部门提出申请,经培训机构同意,报装备承制单位主管领导批准,统一由培训机构临时调(停)课。法定节假日的授课安排由培训机构根据装备承制单位放假安排进行统一调整。

第二十四条　任课教员办理调(停)课手续后,根据"谁调课、谁办理、谁通知"的原则,按以下要求执行。

(一)任课教员提出调课申请的,由本人完成调课手续,并送达相关部门,通知到学员班级,并告知学员调课的原因。

(二)装备承制单位重大活动调课的,由装备承制单位相关人员将调(停)课通知送达相关学员队、培训机构,由培训机构通知任课教员,并告知学员调(停)课的原因。

第四章　补课规定

第二十五条　任课教员申请补课,必须填写《补课情况表》(与《调(停)课申请表》一同打印),报培训机构审批后到相关补课班级进行补课,补课完成后,经班级学员代表及培训机构主任签字确认后,由培训机构和装备承制单位备案。

第二十六条　任课教员因病、因事而改自习的课,必须在调(停)课结束后两周内补足,否则按教学事故处理,因装备承制单位统一安排而停的课,必须在调(停)课结束后2周内补足,按计划课时量计入教员工作量。

第二十七条　因法定节假日和装备承制单位统一规定的活动所造成缺课,必须在调(停)课结束后2周内补足。

第五章　代课管理

第二十八条　每门课程申请代课的学时一般不得多于总学时的1/5。教员需要请人代课时,需事先请好代课教员,并在申请表上注明代课教员姓名,再到培训机构办理相关的手续。

第二十九条 代课教员资格限定:与原任课教员相同专业,具有与原任教员相同或高于原任课教员的职称(高级职称教员数量不足的培训机构可由中级职称教学骨干代课),并主讲过本门课程。

第六章 附 则

第三十条 培训机构应定期对本单位调(停)课情况进行检查,若发现调(停)课现象较多,需研究对策,采取措施,并把讨论研究结果报装备承制单位。

第三十一条 装备承制单位定期对调(停)课情况进行检查与统计,每学期将对装备承制单位的调(停)课情况进行汇总、分析和通报。

第三十二条 无突发事件或未办理调(停)课手续,擅自变动任课教员、上课时间和地点者,按照装备承制单位《教学管理规章制度》相关条款处理。

第三十三条 本管理办法适用于装备承制单位各类教学活动。

附件1 调(停)课流程图

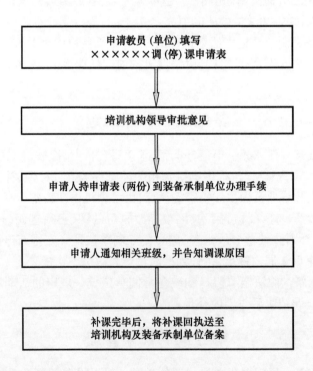

附件2 调(停)课申请表

调(停)课申请表
(20　~20　学年第　学期)

单位		申请人		申请日期	
调(停)课原因					

调课班级	调课课程	原上课时间地点		调课方式时间/节次	拟调整时间地点		代课教员
		时间/节次	地点		时间/节次	地点	
				1. 暂改自习 2. 请人代课 3. 因需停课			
培训机构							
装备承制单位							
装备承制单位领导							

补课回执单

补课情况	补课日期	节次	补课地点	班级代表确认	教学管理人员确认

第三部分 授课质量评定标准

第一章 理论课授课质量评定标准

一级指标	二级指标	评定标准	分值 初职	分值 中职	分值 高职
教学目标(10)	适应性	目标明确,符合课程标准要求,并能全面贯穿于教学过程中	10	5	5
	前瞻性	把握课程知识,关注学员今后知识和能力的发展		5	5
教学内容(25)	思想性	教学理念先进,充分体现能力教育、创新教育思想;突出专业特点或军事应用特色	10	10	15
	基础性	内容熟练,客观准确,重点突出,容量适当	15	10	5
	学术性	合理补充相关前沿知识,把握专业发展趋势,客观介绍不同学术观点		5	5
教学实施(30)	针对性	教学对象把握准确,体现因材施教原则;教学方法灵活,教学手段得当;理论与实际联系紧密	10	10	15
	艺术性	语言精练,逻辑性强,文字、语言、形体、表情富有感染力;教学组织灵活,教学互动好;能关注学员状况,适时调整教学安排	15	10	5
	启发性	体现以学为主,引导个性发挥,鼓励学员自主探索、思考、质疑、求异,发表不同观点	5	10	10
教学效益(15)	适宜性	充分考虑学员的接受能力,难度、深度、广度和信息度把握适宜	5	10	10
	有效性	学员注意力集中,听课认真,勤于思考;学员提问、回答积极性及质量较高	10	5	5
教学态度(10)	责任心	勤奋敬业,认真细致,准备充分,教案、教学实施计划齐备;教书育人,对学员严格、公正、平等	5	5	5
	严谨性	治学严谨,态度端正,语言文明,报告规范,军人气质好	5	5	5
教学风格(10)	符合性	教学风格个性鲜明,符合个人特点	10	5	
	创新性	教学设计有较大创新		5	10
备注		授课质量评定应把握"职称不同,关注点不同"的原则进行评定。对初职教员的评定主要关注对教学目标的把握程度,教学内容的熟练程度、准确性,教学的基本功及责任心;对中职教员的评定主要关注课程标准在教学中的执行情况,教学内容难重点的把握,教学方法、手段的运用以及教学设计中的个性体现;对高职教员的评定主要关注对先进教学理念、教改思想的贯彻,把握教学对象及课程特点对教学方法的运用的针对性以及教学设计的创新			

第二章 实践课授课质量评定标准

一级指标	二级指标	评定标准	分值		
			初职	中职	高职
教学目标(10)	适应性	目标明确,符合课程标准要求,并能全面贯穿于教学过程中	10	5	5
	前瞻性	把握课程知识,关注学员今后知识和能力的发展		5	5
教学内容(25)	思想性	教学理念先进,充分体现能力教育、创新教育思想;突出专业特点或军事应用特色	10	5	15
	基础性	内容熟练,客观准确,重点突出,容量适当	15	15	5
	适用性	教学内容充分体现理论还原性原则,即理论指导下进行实践,实践使理论得到升华		5	5
教学实施(30)	规范性	科目下达准确完整、语言精练、声音洪亮;教学组织严密、紧凑、有序	10	10	5
	准确性	内容熟练、操作要领讲解准确、简明,注意事项强调到位;示范操作规范,装备、设备使用熟练,工具、量具使用正确	10	10	10
	针对性	教学方法灵活,教学手段运用合理,符合教学对象特点;注重对经验、技巧的传授,针对性强	5	5	10
	安全性	严格遵守装备、设备操作安全规程和各专业(工种)安全技术规则,做好安全教育,健全安全组织,加强安全管理,确保安全无事故	5	5	5
教学效益(15)	适宜性	充分考虑学员的接受能力、场地、人员等因素,教学进度合理	5	10	10
	有效性	学员注意力集中,态度积极,操作认真,对操作要领及注意事项掌握较好	10	5	5
教学态度(10)	责任心	装备、设备状况良好,器材、工具准备充分,场地安排合理;教案、作业指导书科学规范,指导性强	5	5	5
	严谨性	教态自然亲切,精神饱满,着装规范,军人气质好,技术作风严谨	5	5	5
教学风格(10)	符合性	教学风格个性鲜明,符合个人特点	10	5	
	创新性	教学设计有较大创新		5	10
备注		授课质量评定应把握"职称不同,关注点不同"的原则进行评定。对初职教员的评定主要关注对教学目标的把握程度,教学内容的熟练程度、准确性,教学实施中实践教学的规范性,操作示范的准确性及技术作风;对中职教员的评定主要关注课程标准在教学中的执行情况,教学内容重难点的把握,器具使用的正确性,实践教学的组织及维修经验的传授;对高职教员的评定主要关注教改思想的贯彻,实践教学的组织,维修技巧的传授及教学设计的创新			

第四部分 教学事故认定与处理规定

教学事故根据影响教学工作的程度及造成的损失,分为一般性教学事故(3级)、严重教学事故(2级)和重大教学事故(1级)三种。

第一章 一般性教学事故

第一条 教学班误课5分钟以内。
第二条 教员事先未准备好教案、教具、实验设备而影响正常教学工作。
第三条 教学保障用具、设备、车辆、器材、枪支弹药等未按计划保障,影响教学质量。
第四条 违反操作规程而损坏教学器材、设备、仪表,车辆损坏达三等责任事故者。

第二章 严重教学事故

第五条 泄露考试题者,在评卷中徇私舞弊、弄虚作假等影响极坏者。
第六条 人才培养方案、课程实施计划、课程表、调课通知等教学文件未按时下发而影响正常教学秩序者。
第七条 在教学中学员不听从指挥,不尊重教员,无理取闹而影响教学秩序,造成很坏影响者。
第八条 教学过程中造成人员重伤住院7天以上、车辆损坏二等责任事故、损坏教学设备一次经济损失达500元以上者。
第九条 误课5~25分钟者。
第十条 无关人员干扰教学秩序,不听劝阻,影响恶劣。

第三章 重大教学事故

第十一条 教学过程中造成亡人或致残。
第十二条 教学设备严重损坏及报废,车辆损坏达一等责任事故。
第十三条 经济损失达万元以上。
第十四条 误课25分钟以上者。

第四章 教学事故的认定程序

第十五条 教学事故应由责任人所在培训机构负责查实,并填写《教学事故登记表》,在事故发生当日向装备承制单位报告。

第十六条 一般性教学事故和严重教学事故由责任人所在培训机构查实后提出初步处理意见,报装备承制单位批准并向培训机构通报。

第十七条 重大教学事故由装备承制单位组织专家,会同事故责任人所在培训机构查实,由责任人所在单位提出初步处理意见,待装备承制单位核查后报装备承制单位领导认定并报陆军装备部相关部门备案。

第五章 教学事故的处理

第十八条 一般性教学事故由本单位进行处理,装备承制单位视情通报。

第十九条 严重教学事故在装备承制单位通报批评,取消事故责任人当年评功评奖、晋升职级的资格。

第二十条 重大教学事故在装备承制单位通报批评,取消事故责任人当年及下一年度评功评奖、晋升职级的资格,并给予事故责任人警告以上行政处分。

第六章 附 则

第二十一条 各有关部门应在教学事故处理完毕后将《教学事故通知书》、教学事故具体处理意见报装备承制单位,作为年终考核、职级晋升、职称评定等方面依据;因失职或违反操作规程造成教学器材设备损坏,按有关规定赔偿。

第五部分 培(轮)训学员管理规定

第一章 总 则

第一条 为了加强装备承制单位培训军队装备技术保障人才正规化建设,维护装备承制单位培训军队装备技术保障人才的正常教学秩序,规范培(轮)训学员管理,提高教学质量,培养高素质人才,现将《培(轮)训学员管理规定》提供给各装备承制单位,供各装备承制单位在培训军队装备技术保障人才管理工作中参照。

第二条 本规定适用于跟研培训、跟产培训、接装培训、深化培训、跟修培训、上级机关委托培训等培养类别。

第二章 入学与注册

第三条 入学。

(一)学员由装备承制单位相关部门按年度招生计划,负责向学员所在主管部门业务机关通报入学事宜,并寄发《入学通知书》。规划内学员报到需持《入学通知书》、行政关系、个人证件、应季军装及个人生活用品(预选军士学员还需携带保障卡信息数据包、供给关系、组织关系、被褥),按规定的时间来装备承制单位报到,并办理相关入学手续。

(二)规划外学员,由陆军机关下达任职培训任务的主管部门向学员所在单位下达入学通知。学员需持行政关系、个人证件、应季军装及个人生活用品,按规定的时间来装备承制单位报到,并办理相关入学手续。

(三)入学时无个人有效证件及相关手续者,不得参加学习。

(四)在装备承制单位时间3个月内的培训类别一律不接(转)供应关系、组织关系、被装关系。

(五)学员无正当理由推迟报到者,一律不予接收。学员因部队工作需要不能按时报到者,应由学员所在部队及时向装备承制单位请假并说明事由,报到后要出示师、旅级及以上机关证明材料(军士学员出示人力资源部门证明材料、规划外学员要出示装备(保障)部门证明材料)。

(六)学制四周(含)以上超出规定报到时间3天(含)者应对相关情况核准后,予以办理入学手续。因极特殊原因超出规定报到时间3天以上7天以内者,经装备承制单位领导批准后方可办理入学手续,超出规定报到时间7天(含)者一律不予接收,另外,学制4周以下超出报到时间3天(含)者不予接收。

(七)个别单位确因工作需要派遣所属人员插班学习者,应由学员所在部队师、旅级及以上机关提前1周向装备承制单位提出相关书面申请材料,经装备承制单位领导批准后方可入学,并须按照规划内培训任务收费标准缴纳相关费用。

第四条 注册。

(一)学员入学1周内,学员队将学员花名册上报办公室,办公室负责学籍注册。

(二)学员有下列情形之一者,取消注册资格,退回原单位。

1. 弄虚作假,徇私舞弊,违反招生规定入学者;

2. 不服从专业调整,经教育无效者;

3. 不符合招生对象要求又不宜进行专业调整者;

4. 不按陆军机关和装备承制单位有关规定标准缴纳经费者;

5. 未经请假不按期报到或请假逾期者;

6. 学员入学后,明确表示不愿到装备承制单位学习或者不愿从事本专业工作,经教育无效者;

7. 其他不符合入学条件者。

(三)取消学员入学资格由装备承制单位领导批准,军士(预选军士)学员取消入学资格由办公室办理有关手续,并报上级主管部门备案。

第三章 考 勤

第五条 学员必须参加《人才培养方案》规定的学习、训练和考核。学员除规定假期外,一般不得请假,因故不能按时到课,必须办理书面请假手续。请假在半天以内,由学员队批准;请假在1天以内,由办公室批准,报装备承制单位备案。

第六条 学员在装备承制单位学习期间不放寒、暑假,可享受"五一"劳动节、"端午节"等小假期和"十一"国庆节长假。

第七条 学员缺课、缺考,由学员队进行登记,并报办公室备案。未经批准的缺课、缺考,记为旷课、旷考,视情节轻重做出相应处理。

第八条 为保证学员按时完成学习任务,未经装备承制单位批准,任何单位和个人不得抽调学员从事与专业学习无关的公差勤务工作。

第四章 考核与成绩记载

第九条 学员考核包括课程考核、综合考核。学员必须参加《人才培养方案》规定的课程考核。

第十条 课程考核分为考试与考查。考核成绩按下列要求记载。

(一)考试成绩的评定,应当采用百分制,也可以采用优秀、良好、中等、及格、不及格五级制。百分制与五级制的换算标准是:90~100分为优秀,80~89分为良好,70~79分为中等,60~69分为及格,低于60分为不及格。

(二)考查成绩按"合格""不合格"记载。60分(含)以上为合格,低于60分为不合格。

第十一条 综合考核依照《综合考核实施方案》进行,考核成绩按下列要求记载。

(一)总成绩在90分以上的,综合评定为优秀;80~89分,综合评定为良好;70~79分,综合评定为中等;60~69分,综合评定为及格。

(二)任一项考核成绩在60分以下,综合评定为不及格。

第十二条 因特殊原因不能参加考核者,应当在考核前提出缓考申请,经办公室批准后才能缓考。缓考的实施必须在修业期内进行,缓考的成绩记载,按正常考核对待。课程考核成绩"不合格"的学员不进行补考。

第十三条 旷考或者考核作弊者,该课程考核成绩以零分计,并注记"旷考"或者"作弊"。

第十四条 学员应当独立按时完成作业和操作(实习、实验)报告,不得抄袭和拖延;对抄袭和拖延者视情节轻重取消其参加相应课程考核资格或者降低考核成绩。

第十五条 课程考核应当实行教考分离,严格命题、阅卷、答辩及考场纪律,确保真实、客观和公正。

第十六条 学员学习成绩,由办公室在年终汇总后上报陆军机关。

第五章 奖励与处分

第十七条 学员奖励参照《军队院校学员奖励实施办法》执行。

第十八条 按照《中国人民解放军纪律条令》《军队院校学员学籍管理条例》的相关规定,学员在装备承制单位学习期间必须遵守条令条例和装备承制单位的各项规章制度,对在学习期间违法、违规、违纪的学员,根据情节轻重,给予批评教育或处分,处分分为警告和开除学籍。

第十九条 学员有下列情形之一的给予警告处分。

(一)违反规章制度、操作规程或故意损坏书籍、教具、器材、装备、教学设施设备等,造成教学事故或者其他损失,情节较重者。

(二)违反装备管理规定,遗失、遗弃、损坏装备,擅自动用、销售、出借、私存装备,情节较重的。

(三)扰乱正常教学秩序或在教学场所违规使用手机、平板等电子产品,经批评教育无效,情节较重的。

(四)由他人代替考核、替他人参加考核、组织考核作弊、利用通信工具传递考核信息、违反规定翻阅参考资料、互相交换答题内容、抄袭和协助他人抄袭答题内容等其他违纪行为,尚未构成作弊行为,情节较轻的。

(五)未经请假擅离装备承制单位或者无故逾假不归的(半日内)。

(六)在学员队实施的量化管理中,达到处分条件的。

在本条(一)~(四)项规定情形之外的其他方面违反纪律,其性质、情节与本条所列违纪行为相当的给予警告处分。

第二十条 学员有下列情形之一者,给予开除学籍处分。

(一)反对党的路线、方针、政策,参加非法组织和非法活动,违反国家和军队政策法规,以及触犯刑律的。

(二)严重违反军队条令条例和装备承制单位规章制度的。

(三)严重违背社会公德和军人道德的。

(四)连续旷课超过16学时,或者累计旷课超过24学时(旷课一天按8学时计),或者旷考2次(含)以上的。

(五)由他人代替考核、替他人参加考核、组织考核作弊、利用通讯工具传递考核信息、违反规定翻阅参考资料、互相交换答题内容、抄袭和协助他人抄袭答题内容等其他考试作弊行为的。

（六）无正当理由，执意要求退学并故意制造条件以达到退学目的的。

（七）在装备承制单位学习期间，因违反相关管理规定，受到警告以上处分2次（含）或记过（含）以上纪律处分的。

（八）在学员队实施的量化管理中，达到退学条件的。

第二十一条 给予军士学员开除学籍的处分，由学员队逐级上报，培训机构审核，经装备承制单位领导批准，办理相关手续，并报上级机关备案。

第二十二条 对给予开除学籍处分的学员，按以下办法处理。

（一）装备承制单位不发给合格（结业）证书，不出具学习证明材料。

（二）被勒令退学的学员，扣除在装备承制单位期间的全部伙食费和公务事业费后，返还其他所缴费用。

（三）学员的勒令退学处分决定，由承办部门通报给其所属战区及军兵种机关主管部门。

第二十三条 对学员的处分应当做到程序正当、证据充足、依据明确、定性准确、处分恰当。处分结论应当同本人见面，允许本人申诉、申辩和保留意见。

第二十四条 对学员实施的奖励、处分，相关材料均通过所在部队或单位归入本人档案。

第六部分　毕业学员质量跟踪调查实施办法

第一条 为跟踪调查毕业学员质量，听取部队对装备承制单位教学和人才培养的意见，收集毕业学员的先进事迹材料，规范和健全部队信息反馈渠道和程序，根据有关文件精神，结合装备承制单位实际，制定本办法。

第二条 装备承制单位毕业学员质量跟踪调查工作由培训机构牵头，相应单位可根据本单位实际和专业特点有效开展本单位或专业的毕业学员质量跟踪调查工作。

第三条 毕业学员质量跟踪调查应包含以下内容（在具体工作组织中各内容可进一步细化和具体化）。

（一）用人单位信息

1. 毕业学员在用人单位岗位职能履行情况；
2. 毕业学员专业对口情况；
3. 用人单位对装备承制单位培养人才的知识、能力、素质培养的要求，对装备承制单位教学的建议与意见；
4. 用人单位对继续教育、短期培训的需求与建议；
5. 优秀毕业学员典型及材料。

（二）毕业学员个人信息

1. 个人在单位的岗位、职务、主要成绩等个人资料；

2. 个人在装备承制单位学习和在部队工作的结合中对装备承制单位教学的再认识；

3. 个人对装备承制单位教学的建议与意见。

第四条 毕业学员质量跟踪调查信息主要采取主动获得的方法获得，途径有三种：一是实地调研获得调查信息；二是通过部队联络员获得调查信息；三是在装备承制单位进行培（轮）训的学员中，采取召开座谈会、问卷调查等形式获得调查信息。

第五条 实地调研通常是根据教学需要组织人员到部队进行专项调查研究。调研活动主要采取问卷调查、召开座谈会等形式进行信息收集，承担任务者返回装备承制单位一周内须提交书面调研报告。装备承制单位通常1~2年应组织一次大型部队调研活动。

第六条 装备承制单位要从毕业学员中聘任联络员进行部队联络员信息反馈，通常采取信函、网络互动的方式进行联络和收集信息，部队联络员根据实际需要进行聘任并颁发证书。

第七条 装备承制单位要在学员进行培（轮）训时，组织召开座谈会，了解部队需求和毕业学员发展情况，掌握部队发展动态。

第八条 反馈信息的整理和使用。培训机构负责调查报告、调查问卷的收集、汇总和研究，填写反馈信息统计表，向装备承制单位领导提交合理化建议。

第六篇　教学(训练)条件管理与保障

第一部分　教学(训练)设施、装备、设备管理规定

第一章　教学(训练)设施管理规定

第一节　教室管理规定

教室应当统一规划,合理布局,配套建设,科学管理。

第一条　保持教室以及教学楼内肃静,不准喧哗、打闹。

第二条　爱护教学楼内各教室的一切设施,教学设备和教学器材不得擅自搬动和借用,不得在黑板、桌凳、墙壁上涂写、刻画,不准翻越课桌,离开教室应将桌凳摆放整齐,切断电源,关好门窗。

第三条　教室内教学设备、教具模型,应安排专人负责保管且必须在教员的组织下操作使用。

第四条　保持教学楼内整洁,禁止吸烟,不准随地吐痰和乱扔杂物。教室内物品要摆放整齐统一,军帽、文具、书本、书包等要统一摆放,桌堂内应保持清洁,无杂物。

第五条　建立教室检查评比制度,每周至少组织1次卫生检查,每月组织1次教室设备保管情况评比。

第二节　车间及室内实操场所管理规定

第六条　建立安全组织,完善配套安全设施设备。

第七条　外来人员未经批准不得进入车间。

第八条　禁止使用质量不合格和不符合国家有关安全规定的电源线路、电器设备、给排水设备和照明器材。

第九条　按规定配置消防器材,专人管理,定期检查、保养、维护,禁止挪作他用。

第十条　使用设备、机工具时,要认真检查其技术状况,严禁带故障使用和

违章操作,确保人员、设备安全。

第三节 装甲车辆射击场管理规定

第十一条 组织实弹射击前,确定射击地段,规定安全和联络信号,检修掩蔽部,确保警戒、检靶人员的安全,给靶场勤务人员交代任务,明确信号,必要时应现地组织演练。

第十二条 射击时应提前派出警戒和检靶人员,清查场地。警戒哨要在哨位上设置红旗(夜间设红灯,但灯光不得向射击的坦克暴露)。检靶员完成准备工作后,进入掩蔽部与指挥所沟通联络。警戒哨和检靶员没有指挥所的命令,不得擅自离开岗位。

第十三条 射击的日期、时间、危险地域、安全信号和注意事项等,要提前通知场地周围的有关单位,并向群众宣传,共同做好安全工作。

第十四条 两个以上地段同时射击时,地段的间隔应保证相互的安全,并要设地段指挥员。

第十五条 观察员要负责对射击地域的全面观察,发现情况及时向指挥员报告。射击中,对未爆炸的弹丸,要记下其落达位置。

第十六条 在任何场合下,严禁用武器向人员、牲畜瞄准,更不准用开枪恐吓的办法清除射击场内的群众。

第十七条 出现下列情况严禁射击。

(一)八不打

1. 坦克未进入射击线或超出停止射击线不打;
2. 武器指向射界或危险方向不打;
3. 场内出现人员、车辆、牲畜时不打;
4. 射手未发现或未看清目标时不打;
5. 运动目标未进入射界、停止运动或超出射界时不打;
6. 指挥所、掩蔽部、警戒哨兵发出危险信号或升起白旗时不打;
7. 车辆、电台有故障或信号不清时不打;
8. 发现故障排除后,没有指挥所命令时不打。

(二)五不准

1. 在任何场地和情况下,不准武器指向人员、牲畜;
2. 坦克未进入射击线,不准装弹或射击;
3. 射击完毕或坦克超过停止射击线,武器必须彻底退弹,严禁继续射击,违者追究责任,严肃处理;
4. 坦克返回时,火炮不准对向指挥所;
5. 火炮射击时,出现故障不准擅自排除,要请示指挥所,不准将炮口打高,故障由总教练员排除。

第十八条 坦克未到达开始射击线,禁止装填弹药;射击完毕或到达停止射击线时,应立即停止射击,退出弹药,作检验性击发,炮口打高,向指挥所报告并按指定路线返回。返回时炮口应指向射击方向。

第十九条 射击结束后,应组织人员清查场地,销毁未爆炸的弹丸。

第四节 驾驶场管理规定

第二十条 组织驾驶训练前,教员要带领参训人员认真勘察路线,熟知熟记训练场地的地形、地貌,在车、马、行人较多的地方及危险地段要做出明显标志,必要时要设调整哨,并向驾驶人员交代清楚。

第二十一条 所有上下车人员不准在已发动的车辆前通过,必须从车后绕行。上车人员一律戴好工作帽,坐稳把牢,身躯外露于车箱不超过1/3。严禁车外站人、坐人。

第二十二条 培训机构要主动协助教员进行训练场地的巡视,检查督促参训人员认真履行安全职责。

第二十三条 驾驶人员要加强场地观察,遇有车辆、行人、牲畜等,应主动避让,待交汇后方可通过。学员驾驶车辆要经常观看仪表指示情况(观察仪表间隔不超过3分钟),发现异常立即向助教报告,助教在技术干部的组织下,及时检查车辆,保证车辆处于完好状态。

第二十四条 驾驶中保持车间距离。视线良好时,车距一般应保持在50米以上;视线不良时,要保持在100~150米以上。同一坡上不准同时行驶两台车。

第二十五条 不准随意超车。如遇故障车等特殊情况,确需超车时必须经前车允许,且要由在场的干部或助教指挥,在发动机低转速的情况下用一挡通过。

第二十六条 学员驾驶时,应加强与助教协调,并按协同信号正确操纵车辆,严禁违章操作车辆。

第二十七条 指挥员调整车辆时,应站在车辆左前方15米外进行指挥,并认真观察车辆周围环境和地形。严禁同时调整两台以上车辆。

第二十八条 车辆进出第一教练地时,驾驶人员要注意观察场地情况,并在指挥员的指挥下,一律用一挡行驶。停车后,必须将排挡置于空挡(在坡上停车时,必须用制动器或操纵杆停车)或发动机熄火。车辆未停稳、摘挡,驾驶人员没有离开驾驶位置时,人员不准上、下车。

第二十九条 要严格坚持三项检查制度(出车前、驾驶中、回场后),确实做到不带故障出车。

第三十条 驾驶训练要做到"五清""五不开"。"五清"即训练内容清,行驶路线清、场内危险地段清、操作要领清、指挥协同清。"五不开"即能见度不良、看不清道路不开，仪表指数不正常不开，发现车辆有异味、异常响动时不开，倒车没有指挥不开，没有把握时不开。

第五节　预习场管理规定

预习场是进行武器操作、驾驶地面练习、通信练习、轻武器练习等实习训练的场所。

第三十一条　训练人员应着装整齐，军容严整，精神饱满，整队入场。

第三十二条　爱护武器装备，严格执行操作规程。

第三十三条　遵守纪律，保持秩序，不得嬉笑、打闹，不得乱扔杂物。

第三十四条　设施、器材要专人保管，损坏和丢失要及时报告，及时请领或修复。

第三十五条　组织实车、实弹课目要派遣执勤人员。

第六节　战术训练场管理规定

第三十六条　战术训练场是学员进行单车、排战术训练的重要场所，要指定专人负责驻场管理，并定期进行检查，防止设施损坏。

第三十七条　训练实施前，管理人员应根据训练计划，提前对战术训练场的各防御工事、障碍物进行全面检查，对不符合训练要求的，要组织训练分队进行修复平整。训练结束后，要利用保养车辆时间，对场地情况进行检查，发现问题要做到随坏随修。

第三十八条　凡上级发放的维修经费、物资、材料，要确实用于场地的建设和维修，做到专款、专物专用，使用情况要详细登记上报。训练、保障分队应主动协助装备承制单位做好场地的建设和维修。

第三十九条　严禁在战术场中取土和种植高秆作物，尽量避免在雨天使用战术训练场。

第四十条　土地征用资料、房屋和固定设备要登记造册、存档立卷，分别存放装备承制单位和档案管理部门。

第四十一条　正确处理军民关系。要按照《中华人民共和国军事设施保护法》的有关规定，向当地人民群众进行宣传教育。爱护军事设施，不得在军事设施内采石、取土、建房，不准偷窃、破坏、拆用场内设备和器材，如发现违犯者，可协同地方政府按法规和相关规定处理。

第七节　军体训练场管理规定

第四十二条　器械训练，必须有计划有组织地进行，任何人不准在无保护和帮助的情况下单独进行训练。

第四十三条 要充分做好训练场地准备工作,按要求检查好器械是否安全可靠。

第四十四条 训练前,组织者要认真组织参训人员进行准备活动,防止发生身体伤害。

第四十五条 在进行新的练习前,要对所训课目组织示范,以便使参训人员了解训练程序和训练方法,掌握要领,而后按照先分解后连贯、先易后难循序渐进的过程逐步进行。

第四十六条 严格依据教范实施训练,因人施教,不做训练内容之外的危险动作。

第四十七条 训练中不要面对直射的阳光进行器械训练。

第四十八条 加强训练保护,一切训练要在有保护的前提下进行,单双杠要指定1~2名保护员,木马和障碍物必须设2~3名保护员,防止训练摔伤。

第四十九条 训练时要统一着装,一律穿制式军裤,不准穿迷彩裤和作训裤,防止造成刮伤。

第八节 图书阅览室管理规定

第五十条 装备承制单位和大队图书资料室、军事阅览室应向全体人员开放。使用人员要办理借阅手续,由管理人员做好借阅登记。

第五十一条 使用后要将读物放回原处,不得擅自带走。

第五十二条 凡涉及秘密内容的资料,要单独登记,妥善保管,任何人不许带走、复印、拍照和外传。

第五十三条 保持室内肃静、整洁,室内不许吸烟、喧哗和嬉笑打闹,不准随地吐痰和乱扔脏物。

第五十四条 不准在资料、图书上涂改和写画,不准撕页、裁剪。凡造成损坏和丢失的,要按价赔偿。

第五十五条 管理人员应坚守岗位,履行职责,热情服务。

第二章 教学(训练)装备、器材、设备管理规定

第五十六条 装备管理。

(一)装备的使用管理应严格按照《装备技术保障工作条例》有关要求实施。

(二)动用实习装备应严格按照装备保障计划执行,严格执行操作规程和检查保养制度。装备的部件、工具、备品和附件不得拆换或挪作他用。

第五十七条 器材管理。

（一）器材计划。应根据年度训练计划、经费情况和器材消耗情况，制定器材保障计划。

（二）器材筹措。器材筹措主要是通过按计划向上级请领和市场购买等渠道进行。

（三）器材登记统计。必须健全器材账目、登记统计及决算制度。各种资料应按月装订、按年封存，妥善保管。

（四）器材保管、收发。器材的保管要实现按类别、理化性质、技术要求等分别上架入柜保管，做到摆放整齐，清洁完整，账、物、卡相符，符合"四定位""五五化"要求；器材要定期保养，防止锈蚀、霉变、丢失和损坏；器材发放要坚持发陈储新、发零存整的原则，收发器材应做到及时、准确、安全、手续完备。

第五十八条 设备管理。

（一）设备档案。对所有地面设备、试验及检测设备、仪器建立技术档案。设备档案包括：设备出厂检验单、精度检验记录；设备使用说明书、设备附件和工具清单；设备历次修理情况记录卡片；设备损坏情况、事故报告和处理结论；设备年度运转小时与定期精度检测记录；设备改装技术资料；主要设备修理图样资料；设备移交记录等。

（二）设备使用。非训练活动不得动用设备。学员必须在熟悉设备构造、工作原理、主要技术性能和安全操作规程后方可进行实习。教员、助教和学员班长应随时指导、检查学员操作情况。工、夹、量、刃、辅具和机床附件应摆放整齐。

（三）设备维护。设备维护要严格执行日、周、换季保养制度，做到清洁完整、润滑周到、紧固适当、调整正确、没有故障。

（四）设备管理责任制。设备管理要做到定人、定机，落实保养、保管专人负责制。各类设备应按《机具设备统一分类及编号目录》统一编号，统一制挂标牌。各级领导要掌握本单位设备数量、质量、维护和修理情况。

第二部分　教学（训练）保障规定

第一章　训练装备技术保障

第一条 训练装备技术保障是教学保障工作中的重要内容，技术部门和教练分队要根据训练计划的要求，及时做好装备检查、准备工作，如期如数派出装备。

第二条 训练保障装备必须提前15分钟或按规定时间到达指定地点。

第三条　特殊情况下的临时用车,应提前4小时通知技术部门和保障分队。在计划内因故不能出车或不能按计划台次出车时,保障分队必须提前半日报告,并由装备技术部门负责调整。

第四条　各级装备技术部门、教练分队和修理分队要严格落实检查、保养、检修制度,使装备始终处于完好状态,日出车率应在90%以上。

第二章　勤务车辆保障

第五条　教学训练勤务用车(含实际课目训练、外出参加教学活动、参观见学、维修场地、运送器材等)由培训机构提出用车计划,由后勤部门负责派出,车辆应按计划要求准时到达指定地点,执行保障任务时,驾驶员由教员指挥。

第三章　教材保障

第六条　学员及其他人员教学训练使用的教材,由装备承制单位负责请领或印制,于开训前发放。学员使用的工具书和参考资料,由学员队办理集体借阅手续,用后统一归还。

第七条　凡发给个人的专业教材均可随身带走;凡列入移交和有秘密等级的书籍、资料均要收回。借用的教材和参考资料如有丢失照价赔偿,如有密级的书籍丢失要按相关保密规定追究责任。

第八条　各种教材均按实际需要发放。

(一)请领、发放。开训前一个月,培训机构根据培训员额、教学组授课计划统计所需教材、自编教材、挂图的数量上报装备承制单位。由装备承制单位汇总并请示装备承制单位领导审批后,方可发放。

(二)使用。各学员队须建立教材、挂图的收发登记制度,指定专人负责收发与保管,对收到和发出的教材、挂图进行详细的登记,属于密级的教材应进行统一编号,严格交接制度。各单位应教育学员爱护和保管好教材、挂图,注意节约使用,防止浪费和丢失。

(三)回收。学员毕业后可将教材(不含有密级的)带回部队,装备承制单位自编教材原则上全部回收,若需保留使用的,须按自编教材的价格交纳书费,书费统计准确后应上交装备承制单位。

第四章　器材保障

第九条　装备承制单位主要负责器材的请领、购置、发放、指导以及检查对器材的使用和管理情况。

第十条　培训机构根据训练任务和保障计划,向装备承制单位请领器材,同时应注重加强对现有器材的使用和管理。

第十一条 供需双方要从实际出发,勤俭节约。对易燃、易爆、有毒等危险品,要坚持落实领导审批制度。

第十二条 各级要加强对学员管好用好和爱护教学设施、器材的教育,克服重建轻管、重用轻管的现象,引导学员发扬艰苦奋斗、自力更生、勤俭节约的光荣传统,并组织他们经常对设施进行维护保养。

第十三条 严格按规定的配发范围、标准、使用原则发放,专物专用,不准私挪他用,要科学安排,保障重点,做到计划使用、合理使用、配套使用,坚持用旧存新、用零存整原则,保持一定数量的储备,提高器材利用率。

第十四条 教学中,各级各类人员要爱护课桌椅等设施,轻拿轻放,不得涂抹刻画,操作使用器材要严格遵守规范和要领,不得随意拆、损器材或丢失零部件。

第十五条 教学设施、器材要定期维护保养,每日使用过后进行清洁、保养、擦拭,每周要进行一次集中保养,年终封存前要对设施、器材进行全面检查、整理、清洁、保养,另外,对精密仪器要重点密封,对损坏的器材要做到随坏随修。

第五章 教育技术保障

第十六条 电化教学是开发现代化教学手段的主要途径,是集形象、直观、启发式教学于一体的有效形式。各级要积极发展电化教学,加强电教设施的基本建设和管理。

第十七条 要根据大纲规定的内容和要求,从培训工作实际出发,认真编写和摄制教学中的重点、难点、抽象内容和教学改革成果,不断提供形象、直观的电教教材。

第十八条 已有电教教材完好率要达到90%,使用率要达到80%以上。每年度应制作电教教材2~3种。

第六章 油料、弹药和摩托小时保障

第十九条 训练油料、弹药和摩托小时保障,由装备承制单位根据训练任务和上级下拨的指标,制定分配计划,由装备承制单位后勤部门供应。

第二十条 计划外弹药的调拨,使用单位应持有装备承制单位领导批示的请领报告,由装备承制单位批准,后勤部门凭装备承制单位发放的通知单供应。

第二十一条 训练摩托小时由装备承制单位一次性下拨。各单位要厉行节约,严格管理,搞好训练保障。

第七章 训练经费管理

第二十二条 教学训练经费采取标准供应和项目预算相结合的办法保障,按照军队有关财务法规进行管理。装备承制单位培训机构负责教学训练经费的需求预算、预算方案拟制、调整以及计划使用;财务部门负责审核汇总教学训练经费预算方案、下达预算指标、拨款、结算和财务监督。

第二十三条 培训机构每年要拟制经费收支计划,报装备承制单位领导审批。培训机构根据装备承制单位分配情况,拟制年度经费收支计划,并报装备承制单位备案。

第二十四条 培训机构要在半年、年终及时报告经费开支情况。年底要做好决算、审计工作,确保训练投资效益。

第七篇 其 他

第一部分 教员授课规范

为加强教员授课的规范化以及培训机构对教员授课管理的正规化,进一步提高教学质量和人才培养质量,参照中国人民解放军《军队院校教育条例》《教学管理制度》等相关文件法规,结合装备承制单位实际,制定本规范。

第一章 教学(授课)准备

教学(授课)准备是课程教学的重要组成部分,是确保教学顺利实施、保证教学效果、提高教学效率的前提和基础。教员在授课前必须认真做好授课准备。

第一条 课前研究。

(一)了解授课对象的思想情况、学习情况及其对有关基础知识的掌握程度,做好与相关课程的知识衔接;

(二)研究人才培养方案,明确培养目标和本课程的地位、作用;研究课程实施计划,掌握本课程教学目的、作用、学时分配及与其他课程的联系等;

(三)分析研究教材,在了解教材总体轮廓内容的基础上,熟练掌握教材的系统结构和前后知识的内在联系,分清主次,吸取精华,形成授课思路;

(四)根据课程实施计划和基本教材,选择向学员推荐的教学参考书目。

第二条 教案编写。

教案是教员施教的具体方案。教员授课必须有教案,教员每次担任教学任务,都必须根据教学对象、教学要求对教案进行认真撰写、修改和完善,教案应在开课两周前编写完毕,培训机构负责审核,要按照规定格式进行编写,每本教案只能使用1个学年度。

第三条 制作多媒体课件。

多媒体课件是教学内容的重要表现形式,是科学运用多媒体技术来表现和展示教员教学思路、教学重难点内容,达到生动、形象、直观的教学目的和效果的重要手段。多媒体课件由任课教员负责制作,培训机构逐级审核。

第四条 试讲(说课)是检查备课质量、保证教学效果的重要手段。

（一）凡新教员上课和老教员上新课以及在教学内容和方法上有较大改革的课程均应组织试讲（说课）。

（二）试讲（说课）一般由培训机构组织，领导和全体教员参加。野外科目由培训机构组织现场试讲或现地推演。听取试讲（说课）后要及时对试讲（说课）情况做出客观评价，提出改进意见。验收性试讲（说课）不合格者要再次组织试讲（说课），合格后方可上课。

第五条 根据教学保障需求，协调做好相关教学准备，装备教学、现地教学需分析安全隐患，制定相应措施。

第六条 课前动员。

每门课程开课或有重大教学活动前，要进行课前动员，由培训机构组织学员队（教学班）进行。主要是任课教员向学员介绍所授课程的特点、重点、难点，教学进度安排及所需的准备知识，采取的主要方法，并对学员提出学习要求。组织新教员课前动员，培训机构领导必须到场。

第二章 教案编写

教案是教学计划的书面形式，是教练员以课题或课时为单位编写的教学实施方案，也称课题或课时计划。教案应当包括全部要讲的内容，一般说来，初讲课或者讲新课时，教案应当详细些，以免临时找不到恰当的词句；讲过几次、比较熟练以后，可以简略些，以免讲课时过于呆板。整块的内容，特别是其中内在的联系比较紧密的，不会临时遗漏，可以简略一些；承上接下、联系其他章节、联系其他课程内容的，要详细一些。

第七条 教案基本类型。

（一）按教学内容的不同，教案可以分军事共同科目训练教案、专业技术科目训练教案、综合保障科目训练教案。

（二）按教学方法不同，教案可以分为课堂理论讲授教案、实践训练教案。通常把专业实践训练教案称为作业指导书，把综合保障科目实践训练教案称为作业指导法。

（三）按教案表现形式的不同，教案可以分为文字表达式教案、表格式教案、卡片提示式教案、要图注记式教案。

文字表达式教案，就是以文字记述形式表达的教案，是教案的基本形式。其特点是：内容完整，步骤清楚，讲解要点明确，基本能反映教练员的全部教学活动，适合于理论讲授课或教学内容较复杂的课题教学。

表格式教案，就是以表格形式表达的教案，是文字表达式的一种简化。其特点是：编排有序、层次分明、文字精练。但由于表格项目的限制，它不能反映教练员的全部教学活动,适合于教学经验丰富的教练员使用,主要用于技术技能和教学法的教学。

卡片提示式教案,就是将教案的纲要、重点、难点和容易忘记的内容以及需要补充的材料写在卡片上,以便在课堂教学中提示自己。其特点是:形式灵活、方便,便于教案内容的经常修改和补充,从而不断改进教学方式。

要图注记式教案,就是以要图表示内容,以文字注记加以补充说明的一种提纲式教案。其特点是:图文结合,形象直观,一目了然,使用便捷,是编写战术课题教案的常用形式。适用于战术课题、地形学等野外现场教学。

第八条 教案基本结构。

教案作为一个系统性的方案,是由一定的结构构成的,包括外在结构和内在结构。

(一)外在结构就是教案通常由1个"正本"和3个"附件"构成。

1个"正本"即教案主体部分,包括教学目的、教学内容的讲解顺序与方法、课堂小结以及作业思考题等。

3个"附件"即板书计划、物质保障计划、实验演示计划。

(二)内在结构就说教案所包含的"三大思路"和"四个环节"。

三大思路即要有一个吸引人的开头、一个坚实的中部、一个留有余味的结尾。

四个环节即起、承、转、合。起,也就是点题,或者说引出问题;承,也就是承上启下(是什么);转,也就是过渡(由此及彼);合,也就是归纳小结。

第九条 教案编写的过程与方法。

(一)学习熟悉训练大纲。就是要从整体上了解本门学科专业课程的教学目的、任务、内容、标准要求及建议等。弄清组训者应该教什么,怎么教,教到什么程度;受训者应该学什么,怎么学,学到什么程度。切实做到按纲施训。

(二)深入研究教材。教材是训练大纲的具体化。掌握相关知识的广度和深度,首先把握重点和难点,找出内在联系,做到融会贯通;然后按照大纲要求,借助教材,组织教学内容,一份好教案,必须对教材的内容进行深加工。

(三)调查了解授课对象。切实开展针对性教学,避免"一刀切",或者"一锅煮"现象出现。

(四)精心设计教学过程。教学过程通常有6个步骤,即组织教学、导入新课、讲授新课、巩固新课、总结新课、布置课外作业。

(五)科学选取组训教学方法。就是要针对受训者的特点,通过科学选取组训教学方法,将教学内容高效率、高质量地传授给受训者并转化为能力。要克服教学方法的单一化倾向,提倡多种教学方法的融合互补。

第十条 教案编写要求。

（一）掌握编写方法，突出个人特色。编写方法有自编法、集体研讨法、比较法等。

（二）切实突出重点，着力突破难点。对重点部分要考虑周到些，要写得详细些，要从正面、反面、侧面等多方面去说明，要在不同的地方反复强调，要从它在理论系统中所占的地位、在应用中所起的作用等方面把重点"烘托"出来，使受训者自然而然地感到确实是重点而予以重视。

对难点应分析它是概念上的难，还是数学上的难，是复杂造成的难，还是冗繁造成的难，应有区别地去处理。对于概念抽象造成的难点，应努力使之具体化，尽量采用感性较强的例子去说明；对于数学上的难点，则要把有关的数学知识先讲清楚；是复杂造成的难，就要把难点分解为几个简单部分，逐个去解决；是冗繁造成的，则应把段落分清，层次分清，前后联系讲清楚。

（三）依据教学标准，规范教学活动。就是要依据教学标准对教学语言认真推敲，反复斟酌，尽量使用军事术语，同时融科学性、知识性、思想性、艺术性于一体。

（四）活用教学方法，优选教学手段。就是要针对不同课目的受训内容、受训对象的实际接受能力、教学条件和个人特长，有选择地、创造性地研究运用教学方法手段。

（五）精心编拟提纲，做好演讲计划。何时讲，何时练，何时演示，何时板书、板画，何时提问，怎样答疑，教育技术手段的应用时机，时间分配以及授课方式等，都应安排妥当。

讲课时板书的布置和次序，要在教案中准备好。哪些词句公式要写或不必写，哪些图要画或不必画，以及公式的排列、图线的次序、投影的角度、各部分的相互位置都要事先安排好。否则临时布置，安排不好，可能影响教学效果，还可能忙中有错。

第三章　教学实施

第十一条　课堂授课。

（一）教员授课时应携带课程实施计划、教材、教案（讲稿、讲义）、实习（实验）指导书等资料。承担理论授课任务的教员应提前10分钟到达授课地点（承担实践授课任务的教员应提前15分钟到达授课地点），做好上课前的各项准备，不得误课和提前下课。

（二）教员是教学现场的组织者和指挥员，必须严格落实教学规章制度，维护课堂秩序。

（三）教员讲授时必须做到概念准确，条理清楚，逻辑性强，重点突出。

（四）教员讲授时应不断充实教学内容，及时向学员介绍本专业的新知识、新技术、新成就、新发现。

（五）教员要积极改进教学方法，注意增强教学互动，启迪学员思维，培养学员综合素质和创新能力。

（六）教员授课中要合理运用各种教学手段，注重授课的科学性、思想性和艺术性，形成自己的特色和风格，增强授课效果，保证教学质量。

（七）全体教员要自觉接受各种形式的教学检查，要虚心接受他人的意见，认真改进教学工作。

（八）学员的到课情况和授课情况教员要认真登记于《课业日志》。

（九）助课教员应按规定时间到达教学场所，并在教学训练过程中全程在位；应协助主课教员做好相关教学准备；通常按讲解、示范、练习、讲评的步骤组织学员进行实习操作和指导，及时向主课教员反映教学训练情况，配合做好安全防事故工作；教学训练结束后，协助主课教员做好装备恢复和器材工具的清点检查。

（十）教员调课按照装备承制单位《排课与调（停）课管理规定》执行。

第十二条 参观见学。

（一）参观见学是帮助学员加深对课堂教学内容的理解，增强教学效果的重要实践性环节，也是实行开放式教学的重要内容。

（二）参观见学不得临时动议，培训机构应根据课程实施计划和课程表，在每学期初制定各类班次的学期参观见学计划，经业务机关审核后执行。

（三）参观见学单位和地点的联系，原则上由培训机构负责初步联系，再由装备承制单位负责正式协调与确定。

（四）培训机构应按照参观见学计划，于每月25日前上报下月的教学参观车辆使用计划。

（五）任课教员应做好参观见学组织准备，应向学员讲清参观的目的、任务、内容及安全防事故预案。

第十三条 辅导答疑。

辅导答疑是教员了解学员学习状况、检查教学效果、保证学员学习质量的主要环节，是课堂讲授的重要补充。教员应重视辅导答疑环节，要认真负责地解答学员在学习过程中的疑惑，并应根据课程教学和学习的需要合理确定答疑的时间和地点。

第十四条 作业批改。

组织学员完成作业是为了巩固加深对所学知识的理解，培养其分析、解决问题的能力。

（一）教员要精心选择布置给学员的作业，作业量要适中，内容要反映课程标准的基本要求,体现典型性和规律性;应适当选择一些灵活性或难度较大的题目作为选做题。

(二)教员要预先试做布置给学员的作业。

(三)对学员按时上交的作业要全批全改,小班课精改率必须达到80%以上,合班课精改率必须达到50%以上。

(四)教员要善于从作业中发现学员学习上的问题,针对存在的共性问题及时讲评,直到学员改正作业中的错误。

(五)教员要严格要求学员保质保量按时完成作业,对作业潦草、马虎、不符合要求者,应退回令其重做;对迟交作业或抄袭作业的学员应给予批评教育。

(六)教员应记录学员作业情况,并作为学员平时成绩的参考依据。

(七)培训机构和教学组要对作业批改情况进行定期或不定期检查。

第十五条 考核。

按照学员课程考核工作相关规定执行。

第十六条 课程总结。

课程总结是对课程教学环节的全面回顾和分析,内容包括教学基本情况、学员学风、教学效果评价、经验体会、存在的问题、改进措施及建议等。课程总结要在课程结束后认真填写,要求必须手写,并附于教案后。

第四章 提高课堂讲授质量

课堂讲授是组训者运用语言将教学内容及相关知识传授给受训者的方法。目的是使受训者理解教学内容,掌握相关知识和原理。课堂讲授通常用于装备基础理论学习,一般包括讲述、讲解等方式。讲述,是组训者向受训者系统叙述教学内容的方法;讲解,是组训者向受训者说明、解释或论证教学内容的方法,部队的装备保障训练通常采用讲解的方法。总体来讲,部队在组织训练时,组训者应注重结合实装、装备模型、模拟器材、计算机三维图形、图表、录像资料等,重点讲清装备设备构造、工作原理、维护保养方法,机械加工的原理、方法和操作要领以及产生废品的原因及预防方法等内容,力求做到通俗易懂、形象直观,提高训练效果。那么如何面对受训者提出的疑难问题,把课讲得不那么"干巴巴的";如何编写教案,教案怎样突出重点、难点和方式方法;默讲和试讲有什么好处,应该如何进行默讲和试讲;在讲课时要注意哪些仪态、动作,语言应如何推敲,以及根据受训者的表情做出哪些调整等。主要应做好以下6个方面的工作。

第十七条 要深入钻研和全面掌握课程内容。

(一)要讲好一门课程,首先必须对这门课程的内容下功夫钻研,不但要做到深刻理解，而且要做到全面掌握。这样才能适当选择教材和妥善安排教学内容。所谓深刻理解，就是要把课程内容的每一个组成部分都彻底搞懂，不能有一点含糊，准备回答受训者们可能提出的一连串的"为什么"，这是基本的要求。所谓全面掌握，就是要能从全部内容中抽出重点、难点，理出系统，用一根线贯穿起来，提高课堂教学的系统性、逻辑性。如果组训者自己重点不明，系统不清，受训者所听到的将只是无主次、无头绪的一堆零碎知识，就可能感到"重点不突出""系统不清楚"。

（二）要深入钻研一门讲课的内容，绝不能以训练大纲或一本教科书的内容为限，不能要讲多少就只学多少，不能懂得几分就讲到几分。一定要"多走一步，深入三分"，有一定的储备力量。不然，将来会感到无法启发受训者，答疑的时候会感到词穷才尽，无法应付。其次，对专业过去发展的过程、目前发展的情况、将来发展的方向，以及它在部队装备保障实际工作中是如何应用的，也必须有一定的了解和掌握。这样，在讲课的时候才不至于内容枯燥、范围狭窄，使受训者感到"干巴巴的""只有骨头没有肉"。例如，自己曾经在某方面结合工作实际做过一些深入的研究和实践工作，讲课就更能讲得生动，使受训者感到有说服力。

第十八条 要全面了解受训者学习情况。

组训者在准备为某一班级讲授某一门课程前，必须去了解这个班级里受训者们学习的情况，尽可能多地搜集这方面的资料，作为将来安排教材、决定教学进度和选择教学方法的一部分依据。搜集的资料，包括这些受训者们的学习基础、学风、惯用的学习方法，以及其中是否有特殊优异和特别困难的受训者等。更重要的是与这一门课程密切相关的课程，特别是这一门课程的先修课程学习情况怎样，更应当深入了解。要了解受训者们在先修课程里学过什么内容，理解的程度怎样，对某些重要概念是怎样理解的等。这样，在将来备课的时候，才能使讲授的内容与先修课程的内容多多联系，充分利用受训者们已有的知识为自己的讲课服务。这样做，不但可以使得受训者们易于接受所讲的内容，还能使他们对先修课程的内容理解得更深刻。在教学过程中，还应当通过交谈、答疑、辅导、作业、考核等环节，不断加深对受训者的了解。

第十九条 要适当选择安排教材内容。

这里所谓选择安排教材，是从训练内容份量的多寡和次序的先后这两方面来说的。

（一）教材份量的多寡。首先是决定于训练大纲的要求。对于同一门课程，不同专业有不同的要求，这都反映在训练大纲里面。凡是训练大纲规定的内容，必须纳入教材之内。凡是训练大纲不要求的内容，一般都不要塞进教材。切忌贪多求全,更忌以多取胜。如果只讲授训练大纲规定必讲的内容还嫌时间太紧,可以考虑利用讲课以外的教学环节,让受训者们学习知识。例如,有些数学推导,如果教科书上已经写得很清楚,同时也不包含重要的物理概念,那就不必在黑板上再写一遍,而让受训者用自学的时间去阅读教科书。有些例题,如果并不是用来说明重要理论的,可以移到习题课里去讲。对某些结构或设备的描述,与其在课堂上费时费力还讲不清楚,倒不如让受训者在课后看一看模型或实物,既省时间又省力,效果可能更好些。

(二)教学内容次序前后的安排。主要是要符合受训者学习的规律,要由简入繁、由易到难,要注意分散难点、分散新概念。不从受训者的学习规律出发,不为受训者学习方便来打算,而片面强调内容的系统性,或是勉强适应生产过程的先后,都是错误的。为了使受训者对于内容的系统性和生产过程有所了解,可以在课程结束、受训者已掌握了课程内容后再进行介绍。

第二十条 要反复做好默讲和试讲。

默讲和试讲是备课中最重要的环节,其目的是熟悉和检查组训者授课准备情况,对教学的总体设计思路、训练内容、训练程序、训练方法、训练时间、训练课件以及训练保障条件是否符合教学要求。

(一)所谓默讲,就是在写好教案以后,把它拿在手里,假想自己面对受训者,按照将来正式讲课的速度,一字一句、一丝毫不苟地、不出声地讲课。默讲的时候,虽然实际上是自己讲给自己听,但要同时把自己当作听讲的受训者,听听自己讲得怎么样。如果感到什么地方讲得不顺,就要修改教案。如果发现时间太多或太少,就要修改原定的讲课份量,或者调整讲授的内容。

(二)简单的试讲,是在空教室里,请一位同志或班里的一位中等受训者,代替全班受训者来听讲,和演员们预演一样。这就不但可以发现词句是否恰当,速度是否适宜,还可以发现口语是否清楚,音量是否合适。如果听讲的是受训者,还可以当场知道讲课的效果。

由分队来组织进行的试讲,由较多的同志听讲,听过以后,大家讨论,提出意见,效果更好。

第二十一条 要注意讲课的表达方式。

(一)讲课时要态度自然,不宜过于拘束,更要注意保持严肃,不可表现轻飘,以免使受训者分散注意力,易于疲倦。眼睛要多多正视受训者,不宜以过多的时间面向黑板,更不可常常看窗外、看地板、看天花板。要轮流正视左右前后的受训者,使他们感受到你是在向他们讲心里话。写了板书以后要及时让开,使所有的受训者都能看到黑板上的字。不可随写随擦,要让受训者来得及看,来得及记。

(二)讲话的声调要有轻重缓急,要有节奏感,要能鼓动受训者们动脑筋积极思维。在适当的地方,可以先提出一些问题让受训者考虑,在受训者经过一定的思考以后再讲。在讲课中,还应注意适当留些问题给受训者课后去思考,启发受训者深入钻研。在下定义、下结论时,要把声调加重些,把速度放慢些,要斩钉截铁,毫不含糊,还应有适当的重复,但重复时不可改动字句,以免受训者不知怎样记才好。

(三)如果口头语太多,要注意改正,如果不会讲普通话,要坚决学会。

(四)讲话要准确、精炼,要讲究逻辑,不要拖泥带水,更不可语病丛生。应当尽量用通俗易懂的语言来讲课。不要用受训者不熟悉的、比较艰深的数学语言或哲学语言。如果非用不可,必须简单地解释一下,免得受训者在思想上起疙瘩,妨碍听讲的效果。

(五)讲课时,要随时注意受训者脸上的表情。如果发现有不正常的情况,要及时找出原因,设法补救。例如,受训者交头接耳,手指黑板,就表示黑板上写错了字,要立即改正;受训者目光呆滞,记笔记的速度放慢了,就表示他们有些疲乏,注意力难于集中,这时就要调整声调,讲一两句警语,甚至讲一两句笑话,使他们恢复注意力;受训者皱眉苦脸,就表示组训者所讲的内容难于理解,这时应当减慢讲授的速度,适当地重复讲解或补充说明。

第二十二条 要不断改进和努力提高课堂讲授质量。

(一)课堂讲授质量的提高,是没有止境的。过去人们常说"学无止境",对于我们组训者来说,应当说是"学无止境、教无止境"。如果我们仅仅满足于完成训练大纲,受训者没有意见,那就把要求降得太低了。即使受训者没有意见,而且公认你讲得很好,讲课质量还是可以大大提高的。每次下课以后,都应当把讲课的内容和方式仔细地回忆一下,检查一下,看看哪些方面是成功的,哪些方面是失败的。对于成功的方面,应当作为经验,肯定下来;对于失败的方面,应当分析原因,定出改进的办法。

(二)首先,全面掌握课程内容,是没有止境的。深入了还可以再深入,宽广了还可以再宽广。目前科学技术发展得很快,要对一门学科的内容做到深刻理解,全面掌握,并不是可以轻易做到的。然后,改进教学方法,也是没有止境。例如,讲课这个教学环节应当怎样和其他环节相配合?哪些内容必须在课堂上讲授,哪些内容宜于由受训者自学?怎样讲授,才能使受训者以最少的精力和时间掌握基本内容,腾出精力和时间去进行自学?在讲课中应当怎样深入浅出,对不同程度的受训者因材施教,使得程度较好的受训者可以深入钻研,发挥他们的才能;程度较差些的也能掌握基本内容,为他们日后的自学打下基础?这些问题,将永远摆在我们面前,有待我们不断地钻研,逐步去解决。

第二部分 标准教案样式

表1 课堂教学设计

课目名称				计划学时				
教学目标								
学习目标描述	知识点编号	学习目标		具体描述语句				
项 目		内 容			解 决 措 施			
教学重点								
教学难点								
教学媒体的选择	知识点编号	学习目标	媒体类型	媒体内容要点	教学作用	使用方式	所得结论	占用时间
	(1)教学媒体在教学中的作用分为:A. 提供事实,建立经验;B. 创设情境,引发动机;C. 举例验证,建立概念;D. 提供示范,正确操作;E. 呈现过程,形成表象;F. 演绎原理,启发思维;G. 设难置疑,引起思辨;H. 展示事例,开阔视野;I. 欣赏审美,陶冶情操;J. 归纳总结,复习巩固;K. 其他。 (2)教学媒体的使用方式包括:A. 设疑-播放-讲解;B. 设疑-播放-讨论;C. 讲解-播放-概括;D. 讲解-播放-举例;E. 播放-提问-讲解;F. 播放-讨论-总结;G. 边播放、边讲解;H. 其他。							
形成性练习	知识点编号	学习目标		练 习 题 目 内 容				

说明:形成性练习是指按照教学编制的一组练习题,用以考核学生对本节课或本知识单元的基本知识和基本概念的掌握程度。

表2　教学流程

教学过程结构设计	
	⟨⟩ 开始结束　　□ 教学内容和教员的活动　　⬠ 媒体的应用　　▱ 学员的活动　　◇ 教员进行逻辑判断

第七篇 其 他

表3 教案正文样式

序号	内容	教学实施详细计划	时间

第三部分 登记统计表

表1　_____年度_____教学班教学实施计划表

序号	题目	训练内容及标准	使用教材	训练时间（学时）	完成时间	教学保障	车辆器材	任课教员
1								
2								
3								
4								
5								

表2 _____年度培训一览表

专业	培训数	毕业数	技术等级		备注
			××级	××级	
合计					

表3 领导、机关听、查课登记表

教员姓名		课　题			
教学班		查课时间			
查课人部职别、姓名					
类别	评价标准		分值	得分	合计
教学准备情况	1. 教员提前到达训练场所,完成教学准备				
	2. 教案、作业指导法编写规范科学,经过审批				
	3. 保障车辆提前到位,状态完好				
	4. 教学器材准备充分,教学设施状态完好				
教员授课情况	1. 态度认真,姿态端正,为人师表,教书育人				
	2. 教学基本功扎实,示范能力强				
	3. 教学设计科学,解决重、难点问题效果好				
	4. 教学内容准确、完整				
	5. 教学方法科学灵活,善于启发、指导学习				
	6. 发扬军事民主,开展互动式教学,教学气氛好				
	7. 理论联系实际,认真组训,突出技能培养				
	8. 教学手段(媒体)运用合理				
	9. 教学效果好,能实现教学目标				
课业组织情况	1. 严格执行教学计划				
	2. 学员队、车间主官跟班到位,参训人员到课率不低于98%,教学日志填写认真				
	3. 助教教学态度端正,能完成保障任务				
	4. 坚持训练标准,场地设置正规				
	5. 训练管理严格,训练秩序正规,注重作风培养				
	6. 严格落实安全措施				
学员学习情况	1. 学习态度端正,学习热情高				
	2. 当堂理解、掌握,运用知识、技能程度高				
	3. 严格要求自己,主动配合教学				

表4 教员业务卡片

姓名：　　　　　档案号：　　　　　填写时间：　　年　月

基本情况	性别		政治面貌		（照片）
	出生年月		籍贯		
	入伍年月		学历学位		
	民族		专业		
	任教时间		外语等级		
	毕业院校				
任职情况	技术职务		技术等级		从事专业
	技职时间		技级时间		
主要简历					
奖励及科研、学术研究情况					

参考文献

[1] 总参谋部,总政治部,总后勤部,等.依托装备承制单位培训军队装备技术保障人才规定[Z].2014.

[2] 中国人民解放军装备技术保障人才培训基地管理办公室.中国人民解放军装备技术保障人才培训基地管理办法[Z].2014.

[3] 王家生.陆军装备保障训练机构教学训练规范[M].北京:解放军出版社,2016.

附录一 依托装备承制单位培训军队装备专业人才组织结构图

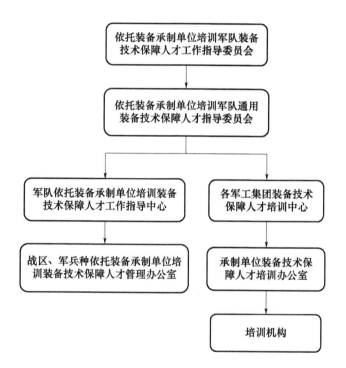

附录二 ××××年依托装备承制单位培训装备技术保障人才需求表

填报单位：　　　　　　　　　　　　　　　　　　　　　　　　　　　　　　　　　　　　填报时间：

序号	装备承制单位	培训专业	培训人数			培训时间（天）	承制单位驻地	开训时间	备注
			合计	干部	士兵				

附录三 ××战区××××年依托装备承制单位培训装备技术保障人才需求汇总表

填报单位：
填报时间：

序号	装备承制单位	培训专业	培训人数			培训时间/天	承制单位驻地	开训时间	送训对象所在单位			
			合计	干部	士兵				干部	士兵	干部	士兵
									×××旅(团)	×××旅(团)		
一	×××集团军											
1												
2												
3												
…												
二	×××集团军								×××旅(团)			
1												
2												
3												
…												

附录四　全军×××年依托装备承制单位培训装备技术保障人才需求培训计划草案

填报单位：　　　　　　　　　　　　　　　　　　　　　　　　　　填报时间：

序号	装备承制单位	培训专业	培训人数			培训时间/天	承制单位驻地	开训时间	北部战区		中部战区		西部战区		东部战区		南部战区		新疆军区		西藏军区		海军		空军		火箭军		其他	
			合计	干部	士兵				干部	士兵	干部	士兵	干部	士兵	干部	士兵	干部	士兵	干部	士兵	干部	士兵	干部	士兵	干部	士兵	干部	士兵	干部	士兵

附录五　装备承制单位培训人员名册

填报单位：　　　　　　　　　　　　　　　　　　　　　　　　　　　填报时间：

序号	姓名	部职别	性别	出生年月	入伍年月	文化程度	专业技术职务	军衔	从事专业	培训情况			
										承制单位	培训专业	培训起止时间	考核评定等次
1													
2													
3													
4													
…													

附录六 装备承制单位培训人员考核评定表

姓名		性别		出生年月	
部职别				入伍年月	
文化程度		专业技术职务及时间		从事专业	
承制单位				培训方式	
培训情况	\multicolumn{5}{l}{ 同志于 年 月 日至 年 月 日,到 (承制单位)参加 (专业)培训。}
主要工作经历					
个人鉴定					
考核意见	\multicolumn{5}{l}{军事代表室 装备承制单位 （盖章） （盖章） 年 月 日}
考评评定等次					

此表归入本人档案。

附录七 装备承制单位培训经费结算单

装备承制单位				送训单位			
起止时间			年 月 日 至 　年 月 日				
培训地点			培训人数			宾馆招待所	
经费开支	房租费	套间数量		价格		金额	
		标准间数量		价格		金额	
		会议室数量		价格		金额	
	伙食费	会议人天数		价格		金额	
	其他费用						
	合计		小写：　　　　元；大写：				
承办单位	装备承制单位（盖章）		军事代表室（盖章）			送训单位（盖章）	
备注							

承办部门：　　　　　　承办人：　　　　　　电话：

·111·

附录八　修理技术安全规则

第一章　坦克装甲车辆修理一般技术安全规则

一、工作前,必须穿戴好本工种规定的劳动保护用品。

二、拆卸、装配、修理某种车型或零、部件时,必须熟悉本车型或零部件的性能、构造和工艺规程。

三、协同作业时,应明确分工,统一指挥。移动车体时,必须通知所有人员离开车体后方可进行。

四、拆装较重的零部件时,要用起重设备,不能以人力强行搬动。

五、使用起重设备时,要检查吊具是否完好,正确捆缚吊件,发出正确的指挥信号。

六、车间内不得随意接电源和使用电炉,照明工作灯要使用安全电压。

七、递接工具、材料或零件时,严禁投掷。

八、上、下坦克应用专用梯子,并应经常检查其是否完好,上下梯子时避免过量负重。

九、所用的工、检具和各种材料、零件等,应放在指定位置,按规定摆放整齐,防止堆放过高。

十、经常保持工作场地清洁卫生。工作结束后,应关闭电源,消除火种,清整工作场地。

第二章　军械修理技术安全规则

一、在吊装炮塔时,车内工作人员不得超过两名,头部不准超过车体顶甲板,工作人员不准站在炮塔下面,不准把头伸到炮塔内看刻度。

二、转动炮塔时,操作人员必须通知车内外所有人员,并检查有无障碍物等。

三、炮塔水平旋转时,应使火炮处于仰角位置,应确保高低机解脱子手柄处于上面的位置,并被键所固定。

四、进行枪械修理前应首先按规定验枪,严禁枪口对人。

五、使用电炉油槽启封时,必须经常测试油温。操作人员离开时应切断电源。

六、工作结束后,应关闭电源,清扫工作间,保持工作间的整洁卫生。

第三章 电气设备修理技术安全规则

一、电气部分的拆装应严格按图样及工艺规程进行。

二、修理电气部件时,应正确使用工具。分解组合发电机、电动机,下面要垫木板,必须用橡胶锤等工具,严禁用铁锤直接敲打。

三、进行电气机件试验前,操作人员必须熟知试验设备和机件的性能及试验规范要求。

四、进行冲击、振动试验,脱漆和使用大型电烘箱、电源设备等工作时,应有专人看管。

五、进行电转炮塔试验时,应首先松开炮塔固定器,手摇方向机检查炮塔转动是否灵活,并观察四周无障碍物后方可转动。

六、线头挂锡时,必须戴好防护眼镜、手套,防止烧烫伤,并开动抽风机排除有毒气体。

七、禁止使用漏电的插头、导线及破损的电气工具、设备。工作电源应插入电源插座,并接好地线。

八、精密仪器应有专人保管,各种仪表不准超性能、超范围使用。使用前要仔细检查各旋钮开关位置是否正确,确定无误后方可使用,用后要擦拭干净。

九、试验台上严禁放置工具或零件。易爆物品要放在指定地点,严禁放在电炉、烘干箱等热源附近。

十、工作结束时切断电源,清扫工作间,经常保持整洁卫生。

第四章 通信装备修理技术安全规则

一、修理电台时,更换下来的故障部件、插件应分类放入部件柜内,防止进一步损坏或丢失。同时,详细填写故障报告单,连同故障部件定期送高级修理单位修理。

二、电台更换零件、部件、插件和焊接完毕后,应先用仪表检查,符合要求后,才准通电试验。

三、漏电的电源线、电烙铁或其他工具均不准使用。

四、各种仪器、仪表、试验设备使用前,应检查电源的正确与否,接地线是否良好,然后开机预热10~20分钟,否则不得开机使用。

五、工作台必须设置接地金属板,电烙铁、电子仪表均应接好保护接地线,以保证电台所使用的集成电路不被感应静电击穿。

六、各种仪器、仪表应设专人保管,定期检查。操作中如发现异常现象应立即切断电源,检查排除故障。

七、使用各种仪器、仪表和设备,必须按使用说明书的要求进行,正确使用工、卡、量具,定期保养检查。

八、工作结束时要切断电源,清扫工作间,经常保持整洁卫生。

第五章 光学仪器修理技术安全规则

一、工作前,必须穿戴好本工种规定的劳动保护用品。

二、光学仪器修理必须严格按工艺规程进行。

三、光学校检仪器、设备必须专人负责保管,并应严格按使用说明书操作。正确使用工、卡、量具及检装备承制单位仪器,定期保养检查。

四、使用各种光学校检仪器、设备等应首先检查其安全情况,否则不得使用。使用车床、钻床、砂轮等应按其技术安全操作规程进行。

五、较重的光学仪器修理件,在上下校检台时要注意小心取放,以防损坏或伤人。

六、严禁在工作间打闹、闲谈或在室内吸烟、用明火、晾晒衣服等。工作间的温度应保持在 20～24℃。

七、在进行冲击、振动试验,脱漆以及大型电气设备等工作时,应有专人看管,以免发生事故。

八、各种易燃、易爆物品应在指定地点存放,工作间不得大量存放。

九、工作中如发现设备、仪器等有异常现象应及时排除。

十、不得带领无关人员进入工作间或从事与工作无关的事。

十一、工作结束时应关闭电源,将各种仪器罩好,清扫工作间,经常保持整洁卫生。

第六章 稳定器修理技术安全规则

一、工作前,必须穿戴好本工种规定的劳动保护用品。

二、修理应严格按工艺规程进行,做好修装前的准备工作。

三、各种仪器、仪表、设备必须专人负责保管,并应严格按使用说明书操作。正确使用工、卡、量具,定期保养检查。

四、各种仪器、仪表、液压试验台及电源设备等,使用前要认真检查其安全情况,方能开机使用。在使用过程中,不得擅自离开工作场地,离开前必须切断电源。在操作中如发现异常现象,应立即切断电源,及时排除。

五、液压放大器、动力油缸等在上下试验台时,必须注意放取方法。工作场地地面不得有油,以免打滑造成伤人事故。试验用油应按技术要求定期检查更换。

六、工作间温度应保持在20~24℃,相对湿度65%±10%。

七、稳定器总调试时,不得无人运转,炮管上下应无障碍物和不准站人。

八、各种易燃、易爆物品应在指定地点存放,工作间不得大量存放。室内严禁打闹、吸烟、用明火和凉晒衣服等。

九、工作结束时,要关闭电源,清扫工作间,经常保持工作间的整洁卫生。

第七章　火控系统修理技术安全规则

一、进行火控系统修理前,应先仔细阅读各种仪器的使用说明书。

二、修理前必须把被修件擦拭干净,不允许有油污、脏物。

三、所有修理过程必须严格按图样及工艺规则进行。

四、光学仪器装拆必须严格按光学仪器的有关规定执行。

五、修理工作台上严禁放置与修理无关的器械、零部件等。

六、电子设备修理时,严禁带电插拔连接器、电缆插头。

七、大功率电气设备修理时,要特别注意安全,严防机械部件伤人。

八、液压件修理时要注意取放方法,并按技术条件要求定期检查更换。

九、光学仪器修理时,取放小心,避免破坏划伤光学件。

十、工作中如发现异味,应首先切断电源。

十一、各种专用测试设备应由专人保管,定人使用,无关人员不得随便操作。

十二、工作结束时必须关闭电源,打扫工作间,保持整洁卫生。

第八章　充电和蓄电池修理技术安全规则

一、工作前,必须穿戴好本工种规定的防护用品,下班前应用肥皂、碱水洗净手脸,饭后漱口。

二、充电间和蓄电池修理间,要通风良好,室内应保持在10~30℃,严禁吸烟,禁止使用明火,不准存放易燃品。

三、充电前要认真检查充电设备的技术状况,外壳接地是否良好,夹子等是否可靠,蓄电池有无破裂漏液现象。

四、充电前要打开电池单格的盖子,检查电解液量,液面应高出保护网15~20毫米。

五、接蓄电池连接线时,严防将正负极接错,线头要压紧,防止混线、短路引起爆炸和反充电等。

六、充电时要经常检查电解液的密度、温度及电池电压的变化等,蓄电池电解液温度达到45℃时,应停止充电,待温度降下来后再充电。

七、禁止用短路的方法检查蓄电池电压，防止产生火花造成事故。

八、应用瓷缸或大玻璃瓶做电解液容器，严禁使用金属容器。配制电解液时，硫酸应向蒸馏水中慢慢注入，并进行搅拌，严禁将蒸馏水向硫酸中注入，以免发生爆炸。

九、修理或组装蓄电池需进行熔焊时，禁止在充电间进行。

十、蓄电池充电时，值班人员不得离开工作岗位，充电结束后要及时切断电源。

十一、充电间的工具、器材应放置整齐，渗漏在地面上或蓄电池架上的硫酸，要及时用碱水擦洗干净。

第九章　钣金修理技术安全规则

一、工作前，必须穿戴好本工种规定的劳动保护用品。

二、使用钳工通用工具时，应遵守钳工技术安全规则。

三、使用焊接设备，要严格遵守焊工技术安全规则。

四、剖割油箱时，必须先打开口盖，放净油料，用碱水冲洗干净晾干后方可进行。

五、化焊锡时要戴手套和眼镜，不准穿短裤及赤露手脚。

六、使用喷灯时要注意安全，加添油料要在室外进行。

七、修理和试验水散热器、机油散热器、油（水）箱时，应遵守所使用设备的有关技术安全规则。

八、使用电烙铁时，电烙铁的出线口必须用瓷管套绝缘，不准用胶布和其他物品代替，用完后及时切断电源。

九、工作中要防止碎屑溅入眼内，剪下来的边余料应及时清除干净。工件要放置整齐，经常保持场地整洁。

十、更换高压空气瓶阀门前，应先将瓶内空气放净。

十一、用钢球校正管子时，要防止钢球崩出。进行管子压力试验时，固定卡一定要固牢，防止冲击伤人。

十二、试验油箱时，一定要装上夹具，防止变形。

十三、弯管时，精力要集中，工件要紧固，不得将手放在弯轮和线轴中间，停车后要取出半轴。

十四、清洗、脱漆时，要遵守清洗、脱漆技术安全规则。

第十章　车工技术安全规则

一、工作前，必须戴好防护眼镜，扎好袖口，严禁戴手套操作。

二、车床的卡盘、花盘必须有保险装置,并在使用前扳紧,专用卡盘要装上拉杆。

三、刀具、工件必须夹紧,扳手不得遗留在卡盘上。

四、用锉刀打光零件时,必须右手在前,左手在后。严禁用纱布缠在手指上磨光。严禁用棉纱擦拭转动的零件。

五、加工长轴时要用跟刀架或中心架,长料从主轴后端伸出长度一般不得超过200毫米,并应加上醒目标志,超过200毫米时要上支架车削。

六、加工中必须及时断屑。

七、在车床运转过程中,严禁跨越工件取东西,停车时不准用手去制动卡盘。

八、加工畸形或偏心零件时,要加平衡配重,并牢固夹紧。工作时先开慢车试转,确认无问题后,再变为需要的工作速度。

九、装夹大型工件或零件找正时,床面上应垫木板,以防工件坠落砸伤床面。

十、严禁以脚代手操作手柄,开车时不准背靠机床站立。

第十一章 钳工技术安全规则

一、使用扳手拆装螺栓时,扳手与螺帽接触部位不得沾有油脂,用力不可过猛,不准在扳手上套加力管,不准将扳手当手锤使用,活动扳手不可反方向使用。

二、使用起子松、紧螺钉时不得将工件拿在手中,不准将起子当扁铲、凿子使用。

三、使用手锤前,应检查锤柄与锤头安装是否牢固;锤柄和锤面不得沾有油脂;锤头有卷边或不平时,应及时修整;严禁使用铸造和有裂纹的锤头;打锤时不准戴手套。

四、使用撬杠前,应检查撬杠爪是否有裂纹或卷边;撬杠爪和手握部分不得沾有油脂。使用撬杠时,不准使整个身体悬空推压撬杠。

五、及时清除扁铲、冲子、凿子顶端的飞刺、卷边,不准使用高速钢扁铲、冲子、凿子。

六、使用扁铲、冲子、凿子时不准对人,二人对面工作时必须安装屏障或挡板,工具顶端应保持清洁,不准沾油脂。

七、在虎钳上装夹工件时不能距钳口太高,装夹较长的工件时,未夹的一端应用支架。装夹工件时,不准用手锤敲打虎钳手柄。

八、使用手锯锯割时,锯条松紧要调整适当,操作要平衡,用力不得过猛,往复运行的方向保持在一条线上。

九、不准使用无柄锉刀、刮刀。使用锉刀不可用力过猛,以防折断,锉刀不可堆积放置,不能沾上油泥。

十、平台要放稳、放平,保持平台整洁。划线时,零件要放稳,零件与平台边缘不得小于150毫米,不准在平台上翻倒零件。

十一、使用设备时,应先试运行,并严格遵守所用设备的技术安全规则。

第十二章 焊工技术安全规则

一、工作前穿戴好本工种规定的劳动保护用品,围上挡板,打开通风设备。

二、工作前必须检查焊接设备是否漏气、漏电,阀门、压力表及安全装置是否灵敏可靠,发现异常必须及时修理排除,不准带故障工作。

三、乙炔瓶、氧气瓶等使用时避免碰击、振动和在强日光下曝晒。使用后的各种气瓶必须保持有1~2个大气压。检查设备是否漏气必须用肥皂水,严禁用明火检查。

四、贮存过易燃品的金属容器需要焊接时,必须经过清洗(用肥皂、火碱水清洗),并用蒸气和压缩空气吹净,将容器的所有通口打开与大气相通,确认安全后才能进行焊接。

五、焊补压力容器时,必须卸压后才能进行。

六、在焊接工作场地5米以内,严禁存放易燃易爆物品。5米以外的易燃易爆物品必须用防火材料遮盖。

七、焊机等设备必须有可靠的接地线。接地线不准接在建筑物和各种管道上。经常检查接触点、闸刀开关、转换开关是否良好。

八、焊钳的绝缘必须良好,否则应立即进行修理或更换。几台焊机同时在一个场地作业时,操作者的间距不得小于1.5米。

九、在坦克、装甲车内或金属容器内焊接时,附近不准有易燃易爆物品和气体。

十、作业时,乙炔瓶应放置在距焊接处10米以外,无明火、强热和电气设备的地点。条件不允许时,应采取隔离、屏护等安全措施。

十一、气焊焊接时焊枪温度不应过高,焊嘴应保持通畅。焊接中发生回火时,必须立即关闭乙炔和氧气瓶开关。

十二、焊工离开焊台时,必须把焊枪熄灭。氧气管和乙炔导管不得混用。

十三、清理溶渣时,要用小锤敲打和使用刷子,不得用口吹,并要戴防护眼镜或用电焊面罩遮挡。

十四、工作结束后,要切断电源,关闭各种开关,检查焊接地点有无火种遗留,清理工作场地。

第十三章 磨工技术安全规则

第一节 安装砂轮

一、根据砂轮使用说明书,选用与机床主轴转速相符的砂轮。

二、所选用的砂轮要有出厂合格证和检查试验标志。

三、对砂轮进行全面检查,发现砂轮质量、强度、粒度不符合技术要求和外观有裂纹等缺陷时不能使用。

四、安装砂轮的法兰盘不能小于砂轮直径的 1/3 或大于砂轮直径的 1/2。

五、法兰盘与砂轮之间要垫好衬垫。

六、砂轮在安装之前要进行静平衡。

七、砂轮孔与主轴间的配合要适当。

八、紧螺帽时要用专用扳手,紧固要适当。

九、砂轮装完后,要装好防护罩,砂轮侧面要与防护罩内壁之间保持 20~30 毫米以上的间隙。

十、砂轮装好后要进行 5~10 分钟的试运转,启动时不能过急,要点动检查。

第二节 一般操作

一、工作前,应穿戴好本工种所规定的劳动保护用品。

二、检查砂轮是否松动,有无裂纹,防护罩是否牢固、可靠,确认无问题后方能开动。

三、砂轮正面不准站人,操作者要站在砂轮侧面。

四、砂轮转速不准超限,进给前要选择合理的进刀量,缓慢进给,以防砂轮破裂飞出。

五、装卸工件时,砂轮要退到安全位置,防止伤人。

六、砂轮未离开工件时,不得停止砂轮转动。

七、用金刚石修正砂轮时,要用固定架,不准手持修理。

八、吸尘器必须保持完好有效,并充分利用。

九、干磨工件时不准途中加冷却液。湿式磨床的冷却液停止供应时应立即停止磨削,工作完毕应将砂轮空转 5 分钟,将砂轮上的冷却液甩掉。

第十四章 铣工技术安全规则

一、开车前,应先检查刀具与工件是否装夹牢固,如中途需要紧固压板螺丝或刀具时,必须在停车后进行。铣刀必须用拉杆拉紧。

二、开启自动走刀时,必须先检查行程限位器是否可靠,并将手柄拉出(手柄保险弹簧不准拆除)。

三、对刀时,不准直接用自动走刀进行,必须在离工件最高点 10 毫米处停止自动走刀,用手动进行对刀。

四、开车时,须注意工件与铣刀不能碰击,拖板来回运动松紧要均匀,否则禁止开车。

五、高速切削要戴防护眼镜,在切屑飞出的方向上要加防护罩,以免铁屑飞溅伤人。

六、用分度头挂轮工作时,必须装好安全罩,不准快速退刀。

七、工作时不得将手伸入转动部分,不得用嘴吹铁屑,必须用刷子清除铁屑。

八、机床工作时,不得离开工作岗位。

九、待加工件和已加工件要分类放置整齐,经常保持工作场地清洁。

第十五章 刨工技术安全规则

一、开车前,一定要将工件夹紧在虎钳中心或压紧在工作台中心。刀具必须装夹牢固,以免吃刀时松脱崩飞。

二、龙门刨床工作前先开动机床,使刨台空转 2~3 分钟。根据加工件的高低,将横梁调整到安全位置,调整并固定行程,然后开始工作。

三、开车前,要清除工作台上一切无用的物品。工作中严禁将头伸到刨削处查看或用手触摸加工部位,以免碰伤。

四、刨削时,操作者应站在刨床切削方向的侧面,以免铁屑飞出伤人。不准将手和脚放在机床的运动部分。

五、刨削有凹凸或带弧形的工件时,必须由平面逐渐进刀,扩大接触面,不准突然增大进刀量。

六、工作中要经常注意滑枕导轨面的润滑和清洁,严防脏物塞入研坏导轨面。

七、机床工作时,不得离开工作岗位。更换工件、调整刀具、用油石磨刀时,均必须停车进行。

八、待加工件和已加工件要分类放置整齐,保持场地整洁。

责任编辑：陈明明
责任校对：王晓军
平面设计：宋庆霞

装备承制单位培训
军队装备技术保障人才
工作规范（试行）

ZHUANGBEI CHENGZHI DANWEI PEIXUN
JUNDUI ZHUANGBEI JISHU BAOZHANG RENCAI
GONGZUO GUIFAN (SHIXING)

上架建议：军事

http://www.ndip.cn

ISBN 978-7-118-13141-3

定价：60.00元

Jianchuan Zhuangbei
Weixiuxing Sheji
Fenxi Jishu

舰船装备维修性设计分析技术

徐 东　黄金娥　王岩磊　编著
程红伟　盖京波　祝 琴

国防工业出版社
National Defense Industry Press